MARIA BANUŞ made her debut  published her first poem in his Philology and Law, her first collection appeared in 1937 and she has been published regularly since then. Her verse of the fifties reflected the cultural dictates of the period, but her later work (published in many volumes of poetry over the years) is distinguished by its variety. In addition to several volumes of essays she has translated from the work of Goethe, Rilke, Browning and Pushkin.

NICOLAE MANOLESCU was born on 27 November in Rîmnicu Vîlcea, Romania. His impressive work includes more than a dozen volumes of essays and literary criticism. He has held a regular column in the Union of Writers weekly *România literară* over the past 30 years. He is now a professor, and one of the most distinguished Romanian literary critics.

DAN DUŢESCU was born on 21 October 1918 in Bucharest, Romania and died in 1992. His outstanding work is his Romanian version of Geoffrey Chaucer's complete *Canterbury Tales* and *Troilus and Criseyde*, as well as a number of Shakespeare's plays. For a great number of years he had also translated Romanian poetry into English. His translations have been published both in Romania and abroad.

MARIA BANUŞ a debutat în 1928, la vîrsta de 14 ani, cînd Tudor Arghezi i-a publicat prima poezie în revista sa *Bilete de papagal*. A făcut studii de filologie şi drept. Primul volum de versuri, *Ţara fetelor*, o impune ca o poetă de prim rang. Datorită convingerilor ei sociale (rezistenţă antifascistă în timpul războiului), poemele din anii 50 corespund comandamentelor vremii. Volumele următoare marchează un reviriment dramatic, propriu secolului nostru de gigantice iluzii şi dezamăgiri, de întoarcere la esenţialele întrebări şi trăiri existenţiale: *Tocmai ieşeam din arenă* (1967), *Portretul din Fayum* (1976), *Noiembrie inocentul* (1981) ş.a. Bogată activitate de traduceri din lirica universală (R. M. Rilke ş.a.). Premiul Herder (1989).

NICOLAE MANOLESCU s-a născut la 27 noiembrie 1939 la Rîmnicu Vîlcea, în România. Impresionanta sa operă include mai mult de o duzină de volume de eseuri şi critică literară. În ultimii 30 de ani, a ţinut în mod regulat rubrica de cronică literară a săptămînalului Uniunii Scriitorilor *România literară*. Nicolae Manolescu este astăzi profesor universitar şi unul dintre cei mai remarcabili critici literari români.

DAN DUŢESCU s-a născut la 21 octombrie 1918 la Bucureşti, în România. Opera sa cea mai importantă este tălmăcirea integrală a scrierilor lui Geoffrey Chaucer *Povestiri din Canterbury* şi *Troilus şi Cresida*, precum şi a unui număr de piese de Shakespeare. Timp de mulţi ani, s-a ocupat şi cu traducerea poeziei româneşti în engleză. Traducerile sale au fost tipărite atît în România cît şi în străinătate. Dan Duţescu a murit în 1992.

FOREST BOOKS

LEMON IN BRACKETS

MARIA BANUŞ

To Stef, From Ric December 31, 2007

Demon Demon
între paranteze In Brackets

Poeme Poems

FOREST BOOKS
London & Boston

Traducere din limba română de Translated from the Romanian by
DAN DUŢESCU DAN DUŢESCU
Prefață de With a preface by
NICOLAE MANOLESCU NICOLAE MANOLESCU

PUBLISHED BY
FOREST BOOKS

20 Forest View, London E4 7AY, U.K.
P.O. Box 312 Lincoln Center, MA 01773, USA

FIRST PUBLISHED 1994

Typeset and printed by
the Romanian Cultural Foundation,
Bucharest, Romania

Translations © the heirs of Dan Duțescu
Original Poems © Maria Banuș
Preface © Nicolae Manolescu
Cover design © Nicolae Corneliu

ALL RIGHTS RESERVED

British Library Catalogue in Publication Data:
A catalogue record for this book
is available from the British Library

Library of Congress Catalog Card No:
93–71945

Forest Books gratefully acknowledge the financial support for this
publication from the Romanian Cultural Foundation.

ISBN 1 85610 031 6

Contents

Preface by *Nicolae Manolescu*   13
Prefață de *Nicolae Manolescu*   19

Gînd   26
    A thought...   27
Colindă pe șoptite   28
    Whispered carol...   29
Ceas de demult   30
    An hour long gone   31
Fragment de primăvară   34
    Spring fragment...   35
Optsprezece ani   36
    Eighteen   37
Cîntec de legănat genunchii   38
    Song to rock the knees   39
Singură   40
    Lonely   41
Ceas cu daruri   42
    Hour of gifts   43
Pogrom   44
    Pogromme   45
Între două ruine   46
    Between two ruins   47

Numele tău	48
Your name	49
Agorafobie	54
Agoraphobia	55
Odată, îngerul morţii	58
Once, the angel of death	59
Spun creionului	62
I say to my pen	63
Tocmai ieşeam din arenă	64
I was just leaving the arena	65
Ce lacomă eram	66
How greedy I was	67
Peisaj metafizic	68
Metaphysical landscape	69
Caietul nou	70
The new copybook	71
Din cadra mea	72
From my own frame	73
Pietá	74
Pietá	75
Creion autumnal	76
Autumnal sketch	77
Dragoste tîrzie	78
Belated love	79
Amurg de martie	80
March twilight	81
April argintiul	82
Silvery April	83

Geea	84
Gaea	85
Elegie	88
An elegy	89
Hotar	94
Boundary	95
Plimbare veche	96
Old walk	97
Geologie	98
Geology	99
Am cerut sămînţă	100
I asked for seed	101
Ciclul	102
The cycle	103
Pseudopsalm	104
Pseudopsalm	105
Vizita	106
Visitation	107
(Va să zică intimitatea)	108
(So privacy)	109
Alternativa	110
The alternative	111
(Uşa se-ntredeschide)	112
(The door is ajar)	113
Plasa	114
The net	115
Haine	116
Clothes	117

Procesiune	118
A procession	119
Giorgio de Chirico	120
Giorgio de Chirico	121
Părea că vine	122
It seemed to come	123
În maree	124
Through the tide	125
Îmblînzire	126
Taming	127
Ochean	128
Field glass	129
Prejudecată	130
Prejudice	131
Am pierdut	132
I've lost	133
Despărţire	134
Separation	135
Timp	136
Time	137
Despuiat	138
Naked	139
La capăt	140
At the end	141
Jocuri	142
Games	143
Firesc	144
Natural	145

Spart	146
Broken	147
Noiembrie	148
November	149
Daimon	150
Daimon	151
Patio	152
Patio	153
Deplasări	154
Displacements	155
Năvălitorii	156
The invaders	157
Vizita	158
The visit	159
Seară	164
Evening	165
Multe cuvinte	166
A lot of words	167
Nu te speria	168
Don't get scared	169
Convalescenţă	170
Convalescence	171
Putere	172
Power	173
Oda sub dud	174
Ode under the mulberry tree	175
Privind o fotografie de copil	176
Looking at a child's photograph	177

Repede	178
Quick	179
Succesiune	180
Succession	181
Fierăstrăul	182
The saw	183
Goana	184
The chase	185
Astru palid	186
Pale orb	187
Rună	190
Rune	191
Cele două	192
The two of them	193
Singura minune	194
The only miracle	195
Grădina de lacrimi	196
The garden of tears	197
Pomul	198
The tree	199
De mirare	200
Amazing	201
Zi de iarnă	202
Winter day	203
Noi, Yorick	204
We, Yorick	205
Itaca	206
Ithaca	207

După	208
After	209
Trecere	210
Passing	211
Pregătiri	212
Preparations	213
Cadru	216
Close-up	217
Plouă	218
Raining	219
Slujbă	220
Job	221
CRITICAL REFERENCES	223

PREFACE

Demon in Brackets is probably the most selective collection of poems written by Maria Banuş and the most representative as it dates from her earliest work. Over a period of half a century one cannot help but observe a development of ideology and also in the creativity of her style. With only one or two exceptions (remarkable in that her debut was in 1937 with *Girls' Land*), her verse, of differing quality, was usually published in an heterogeneous volume. As a result of this, in 1972, *Anyone and Something* provoked some sharp critical responses. The unity of the present book has been brought about by the exclusion of other poems. Some volumes are not represented at all, while from others, Maria Banuş has selected only one or two. The lengthy period 1949-1965 has virtually no echo at all. *Demon in Brackets* gives us more, but at the same time less, than what is usually expected in a poet's anthology. Less, because as I have already pointed out, many valuable peaks of creation have been omitted, and more, because the selection has been carefully prepared by the poet herself to reveal the essential lines of development, thus allowing a true evaluation from a new perspective.

Demon in Brackets includes Banuş' intimate lyrics. A comment which may need clarification. This time, the poet has confined the selection to existential themes, covering life and death, love and disillusion, joy and fear. Poems from the following volumes were inspired by historical or current events and have not been included: (*The World Makes an Appearance, The Torrent* (with an exception), *I'm Speaking to You America,* and *At the Gates of Heaven*). And with one exception there are no examples from *Metamorphosis, Magnet,* or the book *The Diamond,* where she returned to a lyricism of affective memory refining some of her previous motifs from her lyrical autobiography. However her subjectivity was still indirect in these volumes, or to be more precise, mediated through epic forms and description. It has often been stated, and with justification, that Maria Banuş is a poet of intimacy and biographical lyricism. Though in her case it is very difficult to draw a hard line between one type of lyric and another. In selecting the poems for this anthology, the author has chosen from hundreds of poems only those in which this intimacy is not overshadowed by anything of which she could not speak directly. It is not only the topics which are important here, but the manner of presentation. From all she wrote in her long career, these are the poems which express her in the simplest, most direct and most personal manner: the confessional. *Demon in Brackets* is Maria Banuş' lyrical diary starting at the age of twenty with a tone of superiority, and shadowy eroticism. It commences with poems from *Girls' Land*, and ends, with barely any transition, after a leap of three decades, with the melancholic confession from *I Was Just Leaving the Arena, The Portrait of Fayum* and *November the Innocent*.

In 1959, while commenting on the work of Maria Banuş, G. Călinescu stated in one of his felicitous perceptions, that "Sensation is an idea turned on its most delicate and fresher side...". Now upon re-reading *Girls' Land* with a more enlightened understanding, for a long time considered the most remarkable debut for a young Romanian poet, we can appreciate where the vernal inspiration for the majority of poems stems from. A Universe is there, not limited to the senses, but filtered through them. In describing her own senses, Banuş describes the world; through sensation, perception, and physical emotion (my personal description!). For all these are a filter, a method of understanding, an instrument with which to investigate the adolescent cosmos. It is not true to say that the poet was content with what the senses had to offer, extirpating the idea or conscience from these early poems: on the contrary, she pushed even further into the realms of sensation to investigate everything, without and within. *Girls' Land* contains highly intelligent poems for there exists an intelligence of our sensations, just as there exists a sensibility of our decisions. To say that these poems reveal only an expression of femininity is a gross exaggeration. I cannot see why women should be more sensitive than men or, vice versa, why the man should be cerebral par excellence. I feel that a certain feminine literature (though not all), has created this partial impression because if it is true for the first prose writings of Hortensia Papadat-Bengescu, it is not so for the poetry of Magda Isanos, a contemporary of Banuş who disappeared prematurely from the literary scene. Similarly we can speak of a predominance of sentiments in a certain feminine literature without inferring thereby that women are more sentimental than men, and when we think about Emily Dickinson, Else Lasker Schuler, Ana Akhmatova or Cecilia Meireles, can we say that the poetry of these great poets to whom Banuş stays close in acclaim, are dominated by sensation or sentiment? Obviously not. But to close this discussion with a different argument, the poetry from *Girls' Land*, is structurally very similar to the early poems of

Zaharia Stancu, and nobody as far as I know thought of considering the sensorial character of *Poems of Simplicity* as proof of feminity. Also it is obvious that her "method" of comparison through the use of sensations is the same as in Banuş' poem "Thought". "A warm thought rolling down those days/ my cheek and mouth were set ablaze./ I coyly caressed its flesh downy and frail,/ like a young bride's veil". Then similarly in a poem of the young Stancu, "I stuck my teeth into the dream as into a crimson water-melon crust!" It is true to say that the first poems of Banuş invite us time after time to think "of some fleshy, juicy, fragrant, colourful fruit". This was pointed out in 1966 by Guillevic in his preface to the French edition, appropiately entitled "Joy".

After a brutal interruption of thirty years, the lyrical journal is resumed with *I Was Just Leaving the Arena*. The poet was not at all at fault in only anthologizing her first and last three volumes of verse. The tone being obviously different, the diary becomes a melancholy confession with many dramatic accents. The poet's selection begins (again not fortuitously), with "Agoraphobia", an admirable poem about the non-existence of places of refuge. The soul of the poet has not even a windowsill to lean on, from which to observe "the great ceremonies of the square". The intimacy of *Girls' Land* was an area of innocence, still free from aggressions which only tapped at the door. Today intimacy is more an attempt to rediscover self from a time when everything was lost including her right to privacy. It is a desperate effort at retrieval. Even here, but especially in *The Portrait of Fayum*, which I consider the best of Banuş' work, the writing, as in *November the Innocent*, has a purity and a nobleness which evinces a heart-rending resignation. In a baroque and mannerist age Banuş writes a very simple lyric. And yet: if we are to believe Hugo Frederick, who sustained in *Structures of Modern Lyric*, the idea that modernism meant a purge of the biographical, then, yet again, the confessional lyricism and biography from the volumes mentioned earlier stand out as an exception.

Certainly confession, though unsophisticated takes as allies some of the more fashionable poetic devices such as the parable. For example, "Sometime the Angel of Death" is a clear parable. It is worth nothing however that in *The Portrait of Fayum*, a significant landmark, lyrical frankness tends to dispense even with minimal artices. It is hard to imagine a poetry more simple and direct in form. The poet, (as she stated in "The New Exercise Book") expects with eyes shut inwardly to wake up to the vision; but hears only the monotonous waves of the sea. This does not mean that she has no vision. From the start, the very title *Portrait of Fayum*, sends us this secret sight directed towards the other face of the world. "From my Own Frame" confesses this most clearly:

> From my own frame, from within myself,
> I'm looking towards the world.
> Are those the eyes of an old woman by Rembrandt?
>
> From my own frame, from within myself,
> I cover with my naked eyes
> the other face of the world, the dread one.
> Am I a portrait in Fayum ?

I quote from this splendid poem to show her extraordinary simplicity of method. Indeed, Maria Banuş' latest poetry is almost austere in its compactness. Misty, melancholy or oppressing indoor-scapes; a phantom land, dim dusk light. Given such a universe the secret of her concreteness lies in her capacity for creating atmosphere. And what atmosphere! The great "Elegy", one of Banuş' masterpieces, depicts the crossing of the border towards solitude, old age and death. In Chagallian images, the poem expresses an attitude of dignity when confronted by the inevitable. It would seem that resorting to painting is one of the few artificial effects in this lyric of extreme simplicity. "The Metaphysical Landscape" is a scene after Chirico. "Old Walk", through Chagall (one of Banuş' obsessions) leads us to a charming while at the same time deliberately clumsy poetry, modelled as it were on children's drawings. The exactness of the lyrical tone is remarkable throughout. The poems are no more than very human confessions, elegies of the insubstantiability, friability, and defoliation of the being, metaphysical thrilled. I quote a single instance:

> The door is ajar.
> I perceive an awe-inspiring semiobscurity
> as of a temple,
> or a torture chamber,
> in the centre a light as in an operating theatre.
> There is a glitter of mettalic valves
> or of a priest's attire.
> Someone whispers, "He has arrived.
> Who HE ?
> THE LORD.
> His lordship the professor ?

> *His lordship the executioner?*
> *He has arrived.*
> *Let there be silence.*
> *Let everything be sterile.*
> *The hour draws near when he operates.*

This is not really a parable, the poet appears to be portraying a scene of delirium. As in other poems, it depicts a few moments to be found in immediate experiences, yet where some of the detail does not quite ring true. In "Visitation", a room is transformed into a Goya tableau by an apparition of jackals which – ironically – sit on their skinny, rumps and bay; "Numberless creatures" like a nightmare populating the vision of the poet. Some chimerical goblins mock an old woman ("Games"), who is preparing for the end ("Preparations"). Noble images while waiting for this end can be found everywhere ("Evening"). Even the past does not offer salvation. Another poem entitled "The Visit", from the volume *November the Innocent,* describes, in unforgettable lines, the traveler's descent into the inferno of affective memory. This extraordinary poem could perhaps be compared with other such poems from *The Diamond* or *Magnet,* where the recuperation of the past was still appeasing and the poet still derives pleasure from surrounding herself with the phantoms of once familiar objects. Nothing of this emotion can be found in "The Visit". Finally, "Convalescence" reclaims from the depths of memory two or three images from *Girls' Land,* submerged with Atlantida ("Between illness and the world/ frail muzzles of grassy beings/ touch your knees") but from quite a different perspective where eroticism remains a mere shadow and the only sensuality admitted is touching the world beyond.

I have insisted on this journey of the poet, for personally I feel that in no other selection has it been clearer. Whether the poet has done the right thing in giving up so many aspects of her poetry in order to throw into relief the pure lyricism of a being in this world is still in question. However it was probably necessary for her to do so. And after all, poorer as it is, the image which she gives us of herself in this volume is at the same time more intense. We can gather this from the absence of the playful poems in these "lexical comedies", (as one critic called them): as for instance, "Passeisms" and "Prima Verba", from *Anybody and Something,* or in poems evoking in the manner of Dimov-Brumaru, or even earlier, the Bucharest of the old days, with naive panoramas, e.g. "Bucharest Mountebanks", also from this volume. The reader must surely regret the absence of at least one of such poems which on that first reading long ago had something to say to us.

However the truth is that *Demon in Brackets* makes up for such losses and is fully rewarding. It seems that "never was" the poetry of Maria Banuş more beautiful to our soul so fond of death.

Nicolae Manolescu,
Bucharest 1993

PREFAȚĂ

Demon între paranteze este, probabil, culegerea cea mai selectivă pe care Maria Banuș și-a alcătuit-o vreodată și, din acest motiv, una din cărțile ei de versuri cele mai unitare. Această particularitate nu poate trece neobservată în cazul unei creații care nu numai a cunoscut, pe durata a aproape o jumătate de veac, numeroase avataruri ideologice și stilistice, dar care, cu una ori două excepții (cea mai remarcabilă fiind aceea a debutului, în 1937 cu *Țara fetelor*) a fost de obicei strînsă în volume eterogene și inegale ca valoare (în 1972, *Oricine și ceva* a stîrnit nu puține obiecții pe această temă). Unitatea cărții de față s-a realizat cu prețul renunțării. Volume întregi nu sînt reprezentate cu nici o poezie, din altele, abia dacă a fost reținut cîte un titlu. O lungă perioadă (dintre 1949 și 1965) n-are, practic, nici un ecou în antologie. Spre a fi cît se poate de precis, trebuie să spun că, de fapt, *Demon între paranteze* este și mai mult și mai puțin decît o antologie oarecare de autor. Mai puțin, deoarece, cum am arătat deja, cîteva importante capitole din creația poetei lipsesc. Mai mult, deoarece, nefiind întîmplătoare, selecția privilegiază una din liniile esențiale de evoluție a poeziei și permite o lectură a operei Mariei Banuș dintr-un unghi inedit.

Demon între paranteze conține lirica intimă a Mariei Banuș. Afirmația are nevoie de cîteva precizări. Autoarea s-a rezumat, de această dată și în modul cel mai limpede, la poeziile cu temă existențială, care vorbesc despre viață și moarte, iubire și dezamăgire, jubilație și frică. Tot restul a fost lăsat la o parte, și îndeosebi poeziile din *Se arată lumea, Torentul* (cu o excepție), *Ție-ți vorbesc, Americă* și *La porțile raiului,* unde predomină inspirația din istorie și din evenimentul conjunctural. Dar nu numai atît. Lipsesc și versurile din *Magnet, Metamorfoze* (din nou, cu o excepție) și *Diamantul* în care poeta se reîntorcea la un lirism al memoriei afective și regăsea cîteva din motivele predilecte ale autobiografiei ei lirice. Dar subiectivitatea era încă indirectă în volumele respective sau, mai bine zis, mediată de forme epice și descriptive. Despre Maria Banuș s-a spus nu o dată, și pe bună dreptate, că este poeta intimității și a lirismului biografic. De aceea, în principiu, e greu sau chiar cu neputință, în cazul ei, să tragem o linie

despărțitoare între lirica intimă și cealaltă. Dar, dacă citim *Demon între paranteze*, ne dăm seama cu ușurință că autoarea a ales pentru această antologie, din sutele de poezii, doar pe cele în care intimitatea nu e întunecată de nimic, în care, cu alte cuvinte, ea se exprimă de-a dreptul. Nu doar temele contează aici (deși nu sînt de ignorat), ci și felul în care poeta preferă acele poezii care, din toate mijloacele întrebuințate în lunga ei carieră, se opresc la cel mai simplu, mai direct și mai personal: și anume la confesiune. Demon între paranteze este jurnalul liric al Mariei Banuș, început la douăzeci de ani cu senzorialitatea tulbure-erotică din *Țara fetelor* și sfîrșit, dar aproape fără tranziție, printr-un salt de peste trei decenii, cu melancolica spovedanie din *Tocmai ieșeam din arenă, Portretul din Fayum* și *Noiembrie inocentul.*
Comentînd în 1959 poezia Mariei Banuș, G. Călinescu spunea, cu una din formulările lui noroacase, că, de fapt, "senzația e o idee întoarsă pe partea ei cea mai delicată și proaspătă..." Recitind acum *Țara fetelor,* considerat multă vreme cel mai remarcabil debut al unei poete din literatura noastră, înțelegem mai bine de unde provine frageda inspirație a majorității poeziilor. E acolo un univers nu limitat la simțuri, ci filtrat prin ele. Descriindu-și senzațiile, poeta descrie lumea. Senzația, percepția, emoția fizică, dacă o pot numi așa, sînt o grilă, o metodă de cunoaștere, un instrument de a investiga cosmosul adolescentin. Nu e deloc adevărat că poeta se rezumă la ceea ce-i oferă simțurile, extirpînd ideea ori conștiința din aceste prime poezii: ea silește, din contra, simțurile să cerceteze totul în jur și în ea însăși.
Țara fetelor conține o poezie în cel mai înalt grad inteligentă, căci există o inteligență a senzațiilor noastre, așa cum există o sensibilitate a judecăților noastre. S-a exagerat mult văzîndu-se în aceste poezii aproape numai o expresie a feminității. Nu știu de ce femeia ar fi mai senzorială decît bărbatul sau, invers, de ce bărbatul ar fi cerebralul prin excelență. Cred, mai degrabă, că o anumită literatură feminină (prin urmare, nu toată) a creat această impresie parțială, căci dacă ea se dovedește valabilă pentru primele proze ale Hortensiei Papadat-Bengescu, nu se mai dovedește și pentru poeziile Magdei Isanos, contemporana, prematur dispărută, a Mariei Banuș. Tot așa, putem vorbi de o predominanță a sentimentului într-o oarecare literatură feminină, fără însă a deduce de aici că femeile sînt mai sentimentale decît bărbații. Și, cînd ne gîndim, la Emily Dickinson, la Else Lasker Schüler, la Ana Ahmatova sau la Cecilia Meireles, putem oare spune că poezia acestor mari poete, alături de care Maria Banuș stă cu toată cinstea, se află sub imperiul senzației ori al sentimentului? Nici vorbă că nu. De altfel, spre a încheia această discuție cu un argument oarecum diferit, poeziile din *Țara fetelor* seamănă destul de bine ca factură cu primele versuri ale lui Zaharia Stancu, fără ca totuși senzorialitatea *Poemelor simple* să fi fost socotită de

cineva, după cîte știu, probă de feminitate. Deși e evident că "metoda" comparării prin senzații e aceeași în, de pildă, *Gînd* de Maria Banuș ("Un gînd cald a căzut de-a dura./ Mi s-au aprins obrajii și gura./ I-am dezmierdat carnea șovăielnic, pufoasă,/ ca un văl de mireasă") și în unele din versurile tînărului Stancu. Ce e drept, aceste dintîi poezii ale Mariei Banuș ne fac nu o dată să ne gîndim "la niște fructe, cărnoase, mustoase, înmirezmate, colorate", cum spunea în 1966 Guillevic în prefața la o ediție franceză intitulată foarte frumos Joie.
Întrerupt oarecum brutal, jurnalul liric al Mariei Banuș se reia cu *Tocmai ieșeam din arenă,* după treizeci de ani. Poeta n-a greșit antologînd doar primul și ultimele ei trei volume de versuri. Tonul fiind, evident, altul, jurnalul seamănă acum cu o confesiune melancolică, nu lipsită de accente dramatice. Selecția poetei începe (iarăși, nu întîmplător) cu *Agorafobie,* admirabil poem pe tema inexistenței refugiilor. Sufletul poetei n-are nici măcar un pervaz de care să se rezeme spre a privi "marile ceremonii ale pieței". Intimitatea din *Țara fetelor* era un spațiu al inocenței, prezervat încă de agresiuni, care doar băteau la ușă. Intimitatea de acum este mai mult o încercare de a se regăsi pe sine a poetei care, între timp, a pierdut totul, inclusiv dreptul la singurătate. E un efort disperat de recuperare. Și aici, și mai ales în *Portretul din Fayum,* cartea cea mai bună a Mariei Banuș, ca și în *Noiembrie inocentul,* scriitura are o puritate și o noblețe care pun în evidență o sfîșietoare resemnare. Într-o epocă barocă și manieristă, Maria Banuș scrie o lirică extrem de simplă. Și încă: dacă e să dăm crezare lui Hugo Friedrich, care a susținut în *Structurile liricii moderne* ideea că modernismul a însemnat o epurare a biograficului, atunci, o dată mai mult, lirismul confesiv și biografia din volumele menționate ale poetei fac figură de excepție. Desigur, confesiunea, deși nesofisticată, își aliază unele forme poetice la modă, cum ar fi parabola. *Odată, îngerul morții* este de exemplu o parabolă curată. Dar e de remarcat că în *Portretul din Fayum,* carte pe care o consider un reper important, sinceritatea lirică tinde să se dispenseze chiar și de artificii minime. E greu de imaginat o poezie mai simplă și mai directă. Poeta (după cum spune în *Caietul nou*) așteaptă ca ochii închiși înăuntru să se deștepte și să se iveasă viziunea; dar nu se aud decît valurile monotone ale mării. Ceea ce nu vrea să spună că nu există vizionarism. De la titlu, *Portretul din Fayum* ne trimite la această vedere secretă îndreptată spre cealaltă față a lumii. *Din cadra mea* mărturisește în chipul cel mai limpede ideea:

> *Din cadra mea, dinăuntrul meu,*
> *privesc înspre lume.*
> *Sînt ochii unei bătrîne de Rembrandt?*

> *Din cadra mea, dinăuntrul meu,*
> *acopăr cu ochii mei goi*
> *cealaltă față, înfricoșată, a lumii.*
> *Sînt un portret din Fayum?*

Am reprodus această splendidă poezie și ca să sugerez extraordinara simplitate a mijloacelor. De altfel, poezia din urmă a Mariei Banuș este aproape austeră. Peisaje interioare, cețoase, melancolice sau apăsătoare; o țară fantomatică, lumină scăzută, de amurg. Acesta fiind universul, secretul concreteții lui constă în putința de a crea atmosferă. Și ce atmosferă! Marea *Elegie*, una din capodoperele Mariei Banuș, descrie tocmai trecerea hotarului spre singurătate, bătrînețe și moarte. Cu imagini chagalliene, poezia exprimă o atitudine de demnitate în fața inevitabilului. De altfel, recursul la pictură e unul din puținele artificii sezisabile în această lirică extrem de simplă. *Peisaj metafizic* e o scenă după Chirico. *Plimbare veche*, prin Chagall, una din obsesiile poetei, s-ar zice, ne îndrumă spre o poezie de o încîntătoare stîngăcie, voită, imitată parcă după desenele copiilor. Justețea tonului liric e pretutindeni remarcabilă. Poeziile nu sînt altceva decît niște foarte omenești mărturisiri, elegii ale inconsistenței, friabilității și desfolierii ființei, metafizic înfiorate. Nu voi da decît un singur exemplu.

> *Ușa se-ntredeschide.*
> *Zăresc o semiobscuritate pioasă, de templu,*
> *sau de cameră de tortură,*
> *în centru o lumină de sală de operație*
> *Sclipesc niște valve metalice*
> *sau niște odăjdii.*
> *Cineva șoptește: a venit domnul.*
> *Care domn?*
> *DOMNUL?*
> *Domnul profesor?*
> *Domnul călău?*
> *A venit domnul.*
> *Să fie liniște.*
> *Totul să fie steril.*
> *Se apropie ora cînd el operează.*

Aceasta nu e propriu vorbind o parabolă. Poeta pare a transcrie o scenă onirică. Ea înfățișează, și altădată, asemenea mici momente desprinse din experiența imediată, în care însă unele detalii sînt neverosimile. În *Vizită*, o cameră oarecare se transformă într-un tablou goyesc prin apariția unor șacali, care – ironie – stau pe fundul lor slab, jigărit, și latră. "Puzderie de făpturi" de coșmar populează viziunile poetei. Niște cobolzi himerici își bat joc de bătrîna doamnă (*Jocuri*) care face pregătiri pentru sfîrșit (*Pregătiri*). Nobile imagini ale așteptării acestui sfîrșit se găsesc pretutindeni (*Seară*). Nici trecutul nu mai oferă salvare. O altă poezie, intitulată *Vizita*, din *Noiembrie inocentul*, descrie în versuri de neuitat o descindere în infernul memoriei afective. Ar trebui poate comparată această extraordinară poezie cu anumite pasaje din *Diamantul* sau din *Magnet*, unde recuperarea trecutului este încă liniștitoare și poeta mai afla o plăcere în a se înconjura de fantomele obiectelor cîndva familiare.

Nimic din această emoție în *Vizita*. În fine, *Convalescență* readuce din străfundul amintirii două-trei imagini dintr-o țară a fetelor scufundată cu Atlantida ("între boală și lume/ fragede boturi de ființe de ierburi/ îți ating genunchii"), dar într-o perspectivă complet diferită, în care erosul a rămas o simplă umbră și singura senzualitate îngăduită este o atingere cu lumea de dincolo.

Am insistat pe acest periplu al poetei, căci niciodată ca în selecția de față n-a fost mai clar. A făcut bine, în definitiv, Maria Banuș renunțînd la atît de multe aspecte ale poeziei ei ca să scoată în relief acest pur lirism al ființei în lume ? Probabil că era necesar s-o facă. Și, la urma urmelor, mai săracă, imaginea pe care ne-o dă despre sine în acest volum este totodată mai intensă, dacă pot spune așa. Putem să constatăm absența poeziilor ludice, a acelor "comedii lexicale", cum le-a numit un critic, cum sînt *Paseism* sau *Prima verba* din *Oricine și ceva*, sau a poeziilor care evocă, în stil Dimov-Brumaru, chiar dacă, uneori, înaintea lor, Bucureștiul de altădată, cu panorame naive și cu bîlciuri ("ciubucării magii de București"), din același volum, după cum putem, fiecare din noi, să regretăm unul ori altul din poemele care ne-au spus ceva cînd le-am citit pe vremuri: dar nu e mai puțin adevărat că antologia așezată sub titlul *Demon între paranteze* compensează aceste lipsuri și ne răsplătește din plin. Niciodată parcă poezia Mariei Banuș nu fu mai frumoasă sufletului nostru iubitor de moarte.

Nicolae Manolescu,
București 1993

POEMS
POEME

Gînd

Un gînd cald a căzut de-a dura.
Mi s-au aprins obrajii şi gura.
I-am dezmierdat carnea şovăielnic, pufoasă,
ca un văl de mireasă.

Un gînd cald mi-a sărit în poală,
crupă de piersică, vineţiu goală.
I-am pipăit trupul crud cum e ceaţa,
pe iaz, dimineaţa.

M-am lipit toată, lung şi tăcută,
de-un gînd ca şoldul zglobiu de ciută,
zvîcnind de frică, umed de goană,
gînd, gînd de codană.

A thought

A warm thought rolling down those days.
My cheeks and my mouth were set ablaze.
I coyly caressed its flesh downy and frail
like a young bride's veil.

A warm thought jumped on to my lap,
a peach's breast, naked, of violet-blue pap.
I fondled its body raw as the mist hovering
over the pond, at morning.

I adhered completely, silent and shy,
to a thought like a doe's lissome thigh
throbbing in fright, wet from the chase,
a thought, the thought of a lass.

Colindă pe şoptite

Cine din voi mai ştie cum o-ncolţise haita de muguri?
Alergaseră mîinile mult, lîngă mîini,
şi erau brumate şi obosite ca nişte struguri.
În primăvara aceea au învăţat tălpile să dezmierde.
Cu spaimă mare s-a dezlipit din noi mîngîierea,
şi parc-ar fi stat desfăcută în două,
carnea castanei amară şi verde.

Cine din voi îşi aduce aminte,
de groaza tăcută a tainelor noi,
de freamătul tălpilor, straniu, greu,
ce se lasă acum în cuvinte?

– Eu.
– Şi eu.

Am să scriu despre voi.

Whispered carol

Which of you can still remember how the pack of buds
                                        cornered her?
Long had the hands been running, alongside hands,
rimed over and tired just like grapes.
It was during that spring that the feet had learned to caress.
In great fear did the stroking break free within, unseen,
and it was as if it were severed in two,
the flesh of the chestnut, bitter and green.
Which of you can still recall
the unuttered dread of new mysteries,
the rustling of feet, strange, and heavy,
that now into words slowly fall?

"Me."
"Me too."

I shall write about you.

Ceas de demult

Tulbure zgomot. Tata? Gîl-gîl, gîl-gîl. Nu. Gîl-gîl. Mama.
Ascunşi cum sînt melcii. Şi cheia o răsucise în broască.
E ceva ce nu ştiu dincolo de perete,
mare, unsuros, şi se prelinge în mine, greu, pe neaşteptate,
ca pasul în care foca dansa.
Nu trebuia,
lasă-mă, gata, să nu mai vii, mamă.
N-am să te muşc de obraz ca din măr.
Nu mai ţip. Nu mă mai lovesc de toate,
cu cei cinci ani, ameţiţi, sonori, ca nişte cărăbuşi de aramă.
Dar nu te-apropia. Sînt lipicioasă şi bătrînă ca tine,
ca un burete,
sau ca o peşteră, prin care curge o apă, venind de departe,
din pîntecul timpului,
şi vrea la lumină, se tîrăşte, şi-nţeleg dintr-o dată,
deşi nu-i nimeni lîngă mine, să-mi spună ce nume are
şi ce-i.
Nu ştiu de ce, ochii se închid.
Revăd garderobul cu oglinda brumată,
şi mîna mea înălţîndu-se-ncet,
spre urechea palidă, mare,
suflată din umbră, din puf,
apropiindu-se-ncet ca să-i agăţe cercei,
să-i pună călare, puhave, roşii cireşi.

Vara trecută a fost această-nserare
şi acest joc de tristeţi şi zăduf.

An hour long gone

Murky noise. Father? Glug-glug, glug-glug. No.
                               Glug-glug. Mother
Sealed up as snails are. And the key turned in the lock.
There is something I don't know beyond the wall,
big, oily, and it trickles into me, heavily, unawares,
like the step in which the seal was dancing.
You shouldn't have,
don't, have done, don't come back, Mother.
I shan't bite into your cheek as into an apple.
I'll stop yelling. I'll stop bumping into everything,
with my five years, dizzy, sounding, like copper scarabs.
Now don't come near. I'm sticky and old, like you,
like a sponge,
or like a cave, through which a brook is running, coming
                                         from afar,
from the womb of time,
and wants out into the light, and keeps trailing along,
                          and all of a sudden I understand,
even though there's nobody beside me to tell me
                                what name it bears
and what it is.
I don't know why, my eyes close.
I see again the wardrobe with its blurred mirror,
and my hand rising slowly
to the pale, big ear
blown up of shadow, of soft down,
my hand going up slowly to hang it with earrings,

Mîna e tot străvezie,
şi ţipla godenului acum e-nflăcărată
şi străvezie ca un fluture văzut în soare.
Uneori tresare ceva: mîna, flăcările.
Spun aspru, adînc: eu.
Spun: am cinci ani. Să nu uit niciodată.
Nimic nu e voie să uit din ce este-aici.
Becul veşted de gaz. Faţa de masă de pluş stacojie.
Punga de lucru, uitată de mama. Alături mosoare.
Un guler subţire de abur, în jur un pliseu,
Perna de ace, bondoacă şi trează, cum stă un arici.
Soba. Paravanul de tablă,
pe care-alunecă lebede albe şi moi ca stafii.
Apoi o uşă.
Şi dincolo apa, curgînd cu-nţelesuri putrede-ascunse,
ca vocile, cînd vorbesc între ei, şuşotit, despre moarte.
Şi-n mine, curgînd pe-ntuneric, un fir subţiratec de sînge,
venit de departe,
un fir pe care-l simt în pieptul îngust de băiat,
în tîmple,
în braţele lungi, străvezii,
şi ştiu că sînt mare, că am cinci ani împliniţi,
cînd nu mai poţi plînge,
şi ştiu că nimic mai trist decît asta n-o să se-ntîmple,
ori ce va fi.

to saddle it with bloated red cherries.
It was last summer that this evenfall came to me
and this play of blues and of sulks.
The hand is still translucent,
and the mica of the iron stove is now ablaze
and translucent like a butterfly seen against the sunlight.
At times something will give a start: the hand, the flames.
I say harshly, deeply: me.
I say: I am five. Never let me forget it.
I must not be allowed to forget anything that is here.
The faded gas bulb. The scarlet plush table-runner.
The workbag, left behind by Mother. Reels beside it.
A thin collar of vapour, a pleated seam all around,
The pincushion, stubby and alive, the way a hedgehog
                                                                                       stands.
The stove. The fire-screen
On which swans are gliding, white and soft as ghosts.
Then a door.
And beyond, the water running with putrid-recondite
                                                                                      meanings,
like their voices, when they talk between them, in a whisper,
                                                                                      of death.
And within me, trickling in the dark, a gentle thread
                                                                                 of blood,
coming from afar,
a thread which I can feel in my narrow child's chest,
in my temples,
in my long, flimsy arms,
and I know I'm a grown-up, already five,
when crying won't do any more,
and I know that nothing sadder will ever happen,
no matter what.

Fragment de primăvară

O stradă pe care trec îndoită din umeri,
sub primăvara grea ca un pîntec de bivol.
Pietrele drumului şi stelele
stau cuminţi de poţi să le numeri,
numai cîntecul meu îmi sfîşie rochia,
sub primăvara grea ca un pîntec de bivol.

Bolborosesc. Şi tac. Degeaba aştept între uluci,
învineţirea liliacului.
Dedesubtul genunchilor carnea e umedă ca un măr despicat,
şi albul ochilor tulbure, tulbure.
Mă gîndesc, mergînd aşa, îndoită din umeri,
la primăvara asta golaşe şi tristă ca un gît de băiat.

Spring fragment

A street where I walk, shoulders bent,
under the spring as heavy as a bull's belly.
The cobblestones of the road and the stars lie so docile
that one can count them as one walks along,
only my song rends off my dress,
under the spring as heavy as a bull's belly.

I babble. And I fall silent. In vain I look through the palings
for the lilac to turn violet-blue.
Beneath my knees the flesh is moist like a split apple,
and the white of the eye is misty, so misty.
I am thinking, as I walk along, shoulders bent,
of the spring, naked and sad as the neck of a boy.

Optsprezece ani

Străzile-s ude. A plouat cu boabe mari ca niște bani
de argint, și la soare de aur.
Mi-e gîndul spre lume repezit ca un taur.
Am împlinit azi optsprezece ani.

Ploaia blajină mă bate cu gînduri smintite.
Uite, bobul ei se prelinge încet și călduț,
ca atunci cînd mă strîngeau în căruț,
scutece ude de-un ceas și neprimenite.

Da, a plouat așa ca mîine, ca ieri, ca totdeauna.
Inima scurmă vremurile, inima-i una.
Tîmpla-mi zvîcnește mai tare ca tîmplele vremii.

Mă gîndesc să sorb din viață ca atîți alți golani,
dar mă frige pînă și aburul iute al zemii.
Știți, am împlinit azi optsprezece ani.

Eighteen

The streets are wet. It's been raining with drops round
                                                          and full
like silver coins which in the sun turned to gold.
My thought would charge at the world like a bull.
Today I am eighteen years old.

The placid rain pelts me with many a crazy idea.
See, a slow drop trickles down from the warm shower
like the time I was squashed in my pram there
by wet diapers unchanged for an hour.

Yes, it's been raining like tomorrow and yesterday,
                                                  as always.
A heart is searching the times, the heart is one.
My temple throbs harder than time's racing days.

I have a mind to take long sips of life like a bum,
but even the pungent steam of the broth burns me so.
Today I am eighteen years old, you know.

Cîntec de legănat genunchii

Să nu ţipaţi, genunchii mei.
Drum cu ferigi de nopţi, de ploaie.
Genunchi de fier cum vă îndoaie?
Vă mîn spre el ca pe doi miei.

Pe drumul negurii vă-mping.

Vă vor lua poate între ei
genunchi ce strîng, zvîcnind şi grei,
ca nopţile de astrahan.
Şi licurici de paşi se sting.

Să nu ţipaţi, genunchii mei.

Song to rock the knees

My knees, don't cry out, my knees.
A path of night ferns and of rain.
How do those iron knees bend you?
I drive you to them like two lambs.

Along the path of haze I hale you.

Maybe they'll take you between them
those throbbing, heavy, squeezing knees
that are like night of astrakhan.
And glow worms of footsteps fade out.

My knees, don't cry out, my knees.

Singură

Nu pot striga. Mi-e gura plină.
Am înfipt colții în vis ca-ntr-o creastă de pepene stacojie.
Credeai c-am s-aștept gongul să răsune de cină?
Din miezul serii îmi curg sîmburi lucioși pe bărbie.

Uite ce rău m-am mînjit. Și rîd. Urechile-mi ard.
Dacă mă-nalț pe vîrfuri, înșfac de ceafă, luna,
de puful ce tînjește printre cosițe-ntr-una.
Am s-o răstorn de-a dura sub coasta unui gard.

Și-am să deschid cu pumnul, în seara asta, ușile.
Singurătățile mele s-or fugări pe drumuri de-a bușile,
să-mi aducă miros de om, de praf, de lemne tăiate...

Îmi tremură lumina pe tîmple ca sudoarea,
mă șterg cu dosul palmei. Clipesc. Și rîd de toate.
Dar între sîni m-apasă. Parcă se umflă marea.

Lonely

I cannot shout. My mouth is full.
I've thrust my fangs into the crest of a crimson water-melon.
Did you think I would wait for the gong to call me to dinner?
From the pulp of the evening shiny pips trickle down my
                                                                             chin.

Look at my face, what a mess. And I laugh. My ears burn.
If I stand on my toes I can take the moon by the scuff of its
                                                                             neck,
by the down that always hankers among the tresses.
I'll send it rolling down the side of a fence.

And tonight I'll knock all the doors open with my fist.
My lonelinesses chase each other along the roads on
                                                                            all-fours,
to bring me the smell of man, of dust, of sawed fire-wood–

The light shines on my brow like sweat,
I wipe it with the back of my hand. I blink. And I laugh at
                                                                        everything.
But something lies heavy between my breasts. Like the
                                                                    sea swelling.

Ceas cu daruri

Din apa de lună, din ceaţa oglinzii, trup strîmt de porţelan a mijit.

Vas palid şi greu. De zmeura sîngelui greu.
Cum să-şi mai ducă tristeţea, iubitul meu, iubit?

Nu-ntîrzia prea tare. Dă-mi glezna şi fruntea. Nu mîine.
Azi încă sînt pereţii iatacului meu,
fragezi şi moi şi ascunşi ca miezul de pîine.

Uite, mai licăre încă, alb şi dulce în noapte.
Ia-i. Ţi-i întind. Sînt genunchii. Tu nu-i vezi,
tremurători şi plini ca două căni de lapte.

Hour of gifts

From the water of the moon, from the mist of the mirror,
        a slender figure of china has taken shape.

A pale vessel and heavy. Heavy with the raspberry of the
                                                    blood.
How can it still carry its sadness, my beloved one, beloved?

Do not take too long. Give me your ankle and your brow.
                                      Not tomorrow.
Today they are still the walls of my chamber,
tender and soft and hidden like the heart of a loaf of bread.

Look, they still gleam, white and sweet in the night.
Take them. I proffer them to you. They're my knees. You
                                        can't see them,
trembling and full like two mugs of milk.

Pogrom

Stăm cu toții la masa de seară.
Așa mi se-arată mereu
o cină tăcută, lunară
în mijlocul clanului meu.

Un oaspe se-apropie-n ceață.
Îl simte și plodul din pîntec.
Privim farfuria din față
și lingura sună un cîntec,

un cîntec de frică și ură,
de vrajă, de-ncremenire.
Noi ducem mîncarea la gură,
el țese negrele-i fire.

Pe negrele fire se lasă
călăul, păianjen străvechi,
tacîmul lucește pe masă,
ne țiuie spaima-n urechi.

Pe rînd călăul ne-nseamnă
cu fierul roșu, cu moarte,
Ce straniu mama ne-ndeamnă:
mîncați, mîncați mai departe.

Și lingura sună un cîntec
în care răscoala-ți închizi.
Îl simt și copiii în pîntec,
și cresc, bătrîni și lucizi.

Pogrom

We are all sitting round the evening meal.
Always so full of memories I am
of a silent, lunar supper
in the midst of my clan.

A visitor draws near through the mist.
The babe is even aware of him, the babe in the womb.
Each of us gazes down at his plate
And a song is sung by the spoon,

A song of fear and of hate,
of spell, of motionless dread.
We take the food to our mouths,
he weaves his web of black thread.

Down the black threads he comes,
the executioner, the ancient spider,
on the table the cutlery glitters,
the fear tingles in our ears.

One by one the executioner
brands us with iron, with death.
How strangely mother urges us,
"Come, eat up" as we hold our breath.

And the spoon strikes up a song
in which you shut up your revolt.
The babes in the wombs hear it too
and they grow, aware and old.

Între două ruine

Între două ruine am zidit o casă,
între două trădări am sădit o credință,
între două hăuri, am pus o masă cu șervete și solnițe,
între doi munți de cadavre am văzut o brîndușe și i-am
                                                                zîmbit.
Așa am trăit, dragii mei. Acum înțelegeți? Așa am trăit.

Between two ruins

Between two ruins I built a house,
between two treasons I planted a belief,
between two chasms I laid a table with napkins
                                and salt pots,
between mountains of corpses I saw a crocus and
                                I smiled at it.
That is how I lived. Now you understand?
                That is how I lived.

Numele tău

Am uitat totul, străine.
Numele tău s-a făcut de cîlți și de iască.

Deschideam cartea de telefon.
(Ce ciudat, exista telefonul și atunci,
cu milenii în urmă.)
Foaia– barată de nume moarte, opace,
pe care urcam spre numele tău,
ca pe trepte de rug,
spre centrul de foc,
spre bușteni clădiți
din silabe incandescente,
gata să mă întărcuie-ntre lăncile lor.
Sau atunci cînd cineva
rostea în treacăt numele tău,
ca un neștiutor
ce-apasă pe o pîrghie,
nebănuind că declanșează
un curent de sute de volți,
pe toate releele,
altă tortură-ncepea
și alte extaze-ale focului.
Un filament subțire
se aprindea în toate obiectele,
chiar și picioarele mesei și cercevelele,
și rama tabloului și fructiera cu toartele ei,
deveneau chenare aprinse

Your name

I have forgotten all, stranger.
Your name has turned to tow and tinder.

I would open the telephone directory.
(How strange, telephones were in use then too,
thousands of years ago).
The page – striped with dead, opaque names,
which took me up to your name,
as up the steps to the stake,
to the centre of fire,
to the logs built up
of glowing syllables,
ready to fence me in with their spears.
Or when someone
would casually utter your name,
like an ignorant
pressing on a lever,
unaware of the hundreds of volts
he was unleashing
along every relay,
a fresh ordeal would begin
and fresh ecstasies of the fire.
A fine filament
would kindle in every object,
even the table legs and the window sashes,
and the picture frames and the fruit dish with its handles
would become burning edgings

ca niște becuri lungi de neon,
noaptea, deasupra sălilor de cinema,
stinse,aprinse, șerpuind orbitor.
Atunci, cei aflați în odaie,
observau că numele tău,
în loc să se piardă în aer, ca orice nume,
se scurgea ca un fulger.
Ei mă priveau,
își plimbau ochii-ncolo și-ncoace,
reflectoare mari, carnivore,
curioși să descopere toate culoarele subterane,
toate ungherele, prin care lava numelui tău
înainta.
Și eu nu mai aveam nimic
cu ce să mă acopăr,
cu ce să mă apăr,
Reflectoarele crude ardeau,
părul mi se lipea, nădușit,
pe ceafă și tîmple,
și ei ajungeau cu privirea,
pînă-n ungherul cel mai ascuns,
cel mai vechi,
al copilăriei,
pînă la sfintele păienjenișuri,
unde sînt pietre și flori și animale
cu nume
de care nimeni nu are voie
să se atingă;
Pînă acolo ajungeau
cu privirile lor carnivore,
și eu stăteam descoperită-n acest univers,
și nu puteam cu nimic să mă apăr,
să mă ascund, ori să capăt distanță;
orice adîncimi de perspectivă pieriseră,

like long neon tubes
at night above cinemas,
on, off, meandering with dazzling lights.
Then those in the room
would find that your name,
instead of vanishing into thin air, like any name,
would strike down like lightning.
They would gaze at me,
swing their eyes this way and that,
big, carnivorous searchlights,
eager to discover all the subterraneous corridors,
all the nooks through which the lava of your name
rolled on.
And I had nothing left
to cover myself with,
to defend myself with,
the cruel searchlights were burning,
my sweated hair would stick
to my neck, to my temples,
and they would reach with their gaze
the nook that was the most hidden,
the remotest in time,
of my childhood,
to the sacred cobwebs,
where there are stones and flowers and animals
bearing names
which nobody is allowed
to touch;
so far could they reach
with their carnivorous gazes,
and I would stand uncovered in that universe,
and there was nothing I could defend myself with,
to hide, or to gain distance;
every depth of perspective had vanished,

eram un tablou naiv, primitiv,
cu toate tainele şi-ntîmplările
înfăţişate pe planul întîi.
Mi-amintesc cum stăteam
cu obrajii în flăcări,
printre obiecte transfigurate,
eu însămi un filament subţire, incandescent,
prin care numele tău trecea,
numele tău, străine, numele tău.

I was a naive, primitive painting
with all the mysteries and happenings
displayed in the foreground.
I remember the way I stood
with my cheeks aflame,
among transfigured objects,
I myself a fine incandescent filament,
through which your name was running,
your name, stranger, your name.

Agorafobie

Stai acasă, i-am spus
speriatului, zburlitului suflet,
ce semăna cu o pasăre jumulită,
smocuri arse de pene, rămase ici-colo,
gît aţos, ochi rotund,
sinistru fixat pe un unic punct,
purpuriu rotitor.

Stai acasă, i-am spus,
dacă te sperie piaţa, maşinile,
ochii de lup care licăre-n şiruri
mereu curgătoare,
dacă nu ai încredere-n regulile de circulaţie,
dacă simţi pe ceafă cum te apasă
pîrghiile de oţel,
dacă auzi pîrîitul oaselor
sub dinosauri metalici,
mînjiţi pe labe şi bot
cu sînge uimit de pieton al istoriei,
du-te acasă, Psyche.
Dar nu era casă, nu era prispă,
nici foişor, nici pervaz de fereastră,
unde sufletul să se rezeme
şi să privească de sus,
ca jupîniţele de odinioară,
marile ceremonii ale pieţii:
Spînzurătoarea,

Agoraphobia

Stay at home, I said
to the scared, ruffled soul
which looked like a plucked chicken,
burned tufts of feathers that had been left here and there,
stringy neck, round eye,
gruesomely fixed on one point,
in purple rotation.

Stay at home, I said,
if you are scared by the square, by the cars,
wolves' eyes that glitter in rows
ever running,
if you don't trust traffic regulations,
if you feel the back of your head
weighed down by steel levers,
if you hear the cracking of bones,
under metal dinosaurs,
their paws and muzzles stained
with puzzled blood of pedestrian in history,
go home, Psyche.
But there was no home, there was no porch,
nor tower, nor window sill
where the soul could lean
and look down from above,
like young ladies of yore,
on the great ceremonies in the market place:
the gallows,

alaiul de saltimbanci cu coifuri şi cu trompete,
armăsarii scăpaţi din frîu,
nebunul care scînceşte şi scheaună...

Nu era adăpost.

the procession of buffoons with fool's caps and trumpets,
steeds escaped from the rein,
the fool whining and yelping -

There was no shelter.

Odată, îngerul morții

Odată, îngerul morții-a venit
în chip de brutar.
Hainele, fața, mîinile lui,
totul era alb de făină.
În mînă ținea o lopată.
Dinspre cuptor bătea o mireasmă
de pîine coaptă-n lumină.
Mișcările lui erau ritmice, grave.
Soarele, luna, pîinea rotundă,
se succedau în lentă rotire,
pe gura cuptorului,
într-o eternă, frumoasă rotire.

– Nu mi-e teamă de tine, brutarule,
semeni cu Iani,
din strada copilăriei,
din raiul simigeriilor.

– Așa îi spuneam,
cînd el ridică spre mine
o față ascunsă,
într-o hidoasă lumină.
În spatele lui duduia ferecat
cuptorul masacrului,
și bunul brutar,
cu șorțul pudrat de făină,
îngerul morții,

Once, the angel of death

Once, the angel of death
came in the guise of a baker.
his clothes, his face, his hands
were all white with flour.
in his hand he carried a shovel.
From the oven a fragrance blew
of bread baked in the light.
His gestures were rhythmical, grave.
The sun and the moon, the round loaf,
followed each other in unhurried rotation,
at the mouth of the oven,
in a beautiful, incessant rotation.

"Of you I'm not afraid, baker,
you look just like Iani
in the street of my childhood,
in the paradise of the pie-shops."

This I was telling him
when he raised towards me
a face that was hidden
in hideous light.
Behind him there roared in fetters
the oven of holocausts,
and the good baker,
his apron powdered with flour,
the angel of death, of the sun,

îşi arată dezgolit în faţa ochilor mei
trunchiul răşchirat, scorburos,
cu ciuperci veninoase
lipite la rădăcină.

revealed to my eyes
his sprawling, hollowed trunk,
with poisonous mushrooms
stuck to the roots.

Spun creionului

Spun creionului:
ia-o pe aici,
iarba e moale-n lumina lunii,
frunzele guruie ca porumbeii...
Sclav blestemat!
Degeaba-ţi vorbesc!
Unde te duci?
În curţi cenuşii, cu iarbă arsă,
cu pansamente livide, sub moloz fărîmat,
cu lăzi de gunoi...
Unde tragi cu urechea?
La fereastra din dos, horcăitul...
Îndepărtează-te-ţi spun.
Nimeni nu-l poate ajuta.
Sclav ticălos, mă auzi?

I say to my pen

I say to my pen,
"Take this path,
the grass is soft in the moonlight,
the leaves are cooing like doves -
You damned slave!
I'm wasting my words on you!
Where are you going?
Into grey dismal courtyards with burned grass,
with livid dressings, under crushed rubble,
with garbage bins -
Where are you eavesdropping?
At the back window, the death rattle -
Go away, I tell you.
Nobody can help him.
Wretched slave, do you hear me?

Tocmai ieşeam din arenă

Pentru că eşti cu atît mai tînăr ca mine,
am vrut să te-nvăţ şi să-ţi spun:
"Fii temerar", sau "Fii răbdător",
"Fii vulpe", "Fii leu",
cum se spune celor mai tineri.
Tocmai ieşeam din arenă, ne aflam sub stele,
sub cerul mării de august,
şi toate adevărurile care-n arenă
erau tari, substanţiale ca minereurile,
se pulverizară-n mii de stropi argintii
ce nu mă lăsau să vorbesc.

I was just leaving the arena

Just because you are so much younger than I am,
I want to teach you and say,
"Be daring," or "Be patient,"
"Be a fox,", "Be a lion,"
as one says to the younger ones.
We were just leaving the arena, we were under the stars,
under the sky of the August sea,
and all the truths which in the arena
were strong, as substantial as ores,
had pulverized into thousands of silvery drops
which wouldn't allow me to speak.

Ce lacomă eram

Ce lacomă eram,
îţi ceream o volută, un salt, o disonanţă,
o cădere în gol, o-nălţare la ceruri,
o străfulgerare albă şi neagră,
un dans complicat, violent al ideii.

Acum îmi plimb mîinile ca o oarbă
pe conturul craniului tău,
şi spun: un nas, o ureche, o gură...
Doamne, sînt fericită.

How greedy I was

How greedy I was,
I demanded from you a volute, a somersault,
                              a dissonance,
a fall into the void, an ascension,
a white and black flash,
an intricate, violent dance of ideas.

Now I am running my hands like a blind one
over the contour of your skull,
and I say: a nose, an ear, a mouth -
O Lord, I am happy.

Peisaj metafizic

Am deschis uşa.
A intrat pisica.
Am deschis uşa.
A intrat băiatul.
Am deschis uşa.
S-a văzut piaţa goală,
amiaza,
stîlpul cu ceas
şi umbra lui
pe asfalt.

Metaphysical landscape

I opened the door.
The cat came in.
I opened the door.
My son came in.
I opened the door.
The empty square could be seen,
the noon,
the pillar with the clock
and its shadow
on the asphalt.

Caietul nou

Plină de superstiţie
încep un caiet nou,
file albe – spumă marină.
Închid ochii şi aştept
întîia zi a lumii,
Afrodita cu buze umede,
şuviţe roşcate de flăcări,
scoică deschisă,
sfioasă şi sigură,
să iasă din spuma sărată,
dintre algele primordiale.
Aştept sub pleoape închise.
Se-aude un foşnet cenuşiu de pescăruşi
sub cerul jos,
şi ropot monoton de valuri,
numai de valuri
care vin şi pleacă.

The new copybook

Full of superstition
I begin a new copybook,
white pages – sea spume.
I close my eyes and I wait
for the first day of the world,
for Aphrodite with moist lips,
russet tresses of flames,
an open shell,
coy and self-possessed,
the wade out of the salted spray,
from among primordial algae.
I wait with closed eyelids.
There is a grey rustling of seagulls
beneath the low sky
and a monotonous tramping of waves,
only of waves
which come and go.

Din cadra mea

Din cadra mea, dinăuntrul meu,
privesc înspre lume.
Sînt ochii unei bătrîne de Rembrandt?

Din cadra mea, dinăuntrul meu,
acopăr cu ochii mei goi
cealaltă față, înfricoșată, a lumii.
Sînt un portret din Fayum?

From my own frame

From my own frame, from within myself
I'm looking towards the world.
Are those the eyes of an old woman by Rembrandt?

From my own frame, from within myself
I cover with my naked eyes
the other face of the world, the dread one.
Am I a portrait of Fayum?

Pietá

E o lumină confuză.
Nu ştiu ce ţin în poală:
un prunc, un bătrîn?
Floare de măr, carnea lui?
Sau scorojită, uscată, pleşuvă?

Nu mai am degete cu care s-o pipăi.
Adulmec doar miros de viaţă, de sînge –

E o lumină confuză,
nu ştiu:
vine calvarul spre el,
neştiutor, inexorabil, apă ce creşte,
sau a fost, a trecut, şi mi-l lasă mie,
să-l învelesc în linţoliu, în lacrimi?

Pietá

The light is treacherous.
I don't know what it is I hold in my lap:
a babe, an old man?
His flesh, is it like apple-blossom?
Or is it dried up, shrivelled, bald?

I have no fingers now to feel it with.
I only sniff a smell of life, of blood -

The light is treacherous,
I don't know:
is calvary coming to him,
unconscious, inexorable, a rising water,
or has it passed, is it over, leaving him to me
to wrap him up in cerements, in tears?

Creion autumnal

Trec printre lucruri și case.
Așa treceam parcă și înainte.
Erau ca melcii, fragede, gelatinoase,
scoteau cornițe cu ochi
sau un dinte de lapte, un dinte.

Chiar un geam, în amurg, cînd sclipea,
era taină prea dureroasă
și început.

Strada stă pe loc cu ochii închiși,
nu merge cu mine.
Fumul urcă încet, mohorît.

Cînd s-a desfăcut alcătuirea cea gingașă, cînd?

Autumnal sketch

I'm walking among things and houses.
The way I had walked before, it seems.
They were like snails, tender and jelly-like,
they would put out eyed little horns
or a milk tooth, a fang.

Even a window glittering in the sunset
was too painful a mystery
and a beginning.

The street stands motionless with closed eyes,
it won't go with me.
The smoke rises up slowly and dismally.

When did the delicate frame come to pieces, when?

Dragoste tîrzie

Această țară vagă o prevedeam și totuși
atîta ectoplasmă
în giulgiul de ceață
noi doi încă de mînă
cuvinte lepădate
din țara de-ncleștare
din țara de fierbinte
o boare o mireasmă
de sînge-ntre cuvinte
cu nări de fum adulmeci

noi doi încă de mînă.

Belated love

I foresaw this hazy land and yet
there's so much ectoplasm
wrapped in the shroud of mist
we two still hand in hand
discarded useless words
and from the land of scuffling
and from the land of heat
a wisp of scent an odour
of blood between the words
your smoky nostrils feel

we two still hand in hand.

Amurg de martie

Cocoş heraldic împresurat de găini.
Miros de pămînt şi văzduh.
Creangă de salcie înmugurită,
şi tu eşti aici.
Şi tu, morman de frunze aprinse,
cu mirosul tău de fum înţepător.
Alegretto? Andante?
Ce-nsemnătate mai are?
Încă sîntem aici
şi suflul de seară
ne vizitează
fără-ntrebare.

March twilight

Heraldic cock surrounded by hens.
A smell of earth and of air.
You burgeoning willow twig
you too are here.
And you heap of burning leaves
with your pungent smell of smoke.
Allegretto? Andante?
What difference does it make?
We are still here
and the evening breath
is visiting us
when nothing more is at stake.

April argintiul

Ce gesturi mari, de da şi nu,
de eu şi tu,
şi acum, această blîndă confuzie,
o singură apă, încet, la vale,
cu melci, cu arici, cu şopîrle,
cu anemone,
da, cu petale,
nu, cu petale
moi şi păroase,
molcome gîrle,
poate din spaimă împăturită,
april argintiul, palidă leucocită.

Silvery April

What ample gestures of yes and no,
of me and you,
and now this mild confusion,
one water, slowly, downstream,
with snails and hedgehogs and lizards,
with anemones,
yes, with petals,
no, with petals,
soft and furry,
quiescent eddies,
maybe from folded up fright,
silvery April,
a pale leucocyte.

Geea

De după cei pe care-i nasc vă contemplu,
spaţii şi stele,
întrebări ucigaşe, fără răspuns,
de după munţi de coruptibilă carne,
de după vîscoase perdele,
de după fragedul şi vînătul ombilic,
de după cortine de lacrimi,
de după jungle de rădăcini,
de după pulsaţiile ritmice,
de după agonie şi facere,
vă contemplu pe voi, bărbaţi metafizici,
luptători în arenă,
cu spiritul strălucind
ca muşchii unşi cu ulei ai gladiatorilor,
vă contemplu
cu-n rictus de spaimă şi de dispreţ,
c-un zîmbet de evlavioasă uimire
şi unul de neîncredere,
şi unul de-ngăduinţă,
precum cloşca – puii de raţă,
vă văd cum plutiţi pe apa ideilor,
vă văd în absurde jocuri virile,
în sîngeroase jocuri virile,
aud lăncile care scrîşnesc şi se rup,
prin depărtate pînze v-aud,
prin ţipătul facerii şi al prohodului –
jucaţi-vă voi, pînă seara jucaţi-vă,

Gaea

From behind those to whom I give birth I contemplate you,
spaces and stars,
murderous questions, without an answer,
from behind mountains of corruptible flesh,
from behind viscous curtains,
from behind the tender, blue navel,
from behind screens of tears,
from behind jungles of roots,
from behind rhythmical pulsations,
from behind the agony of death and genesis,
I contemplate you, metaphysical men,
fighters in the arena,
with shining spirits
like the oiled muscles of gladiators,
I contemplate you
with a rictus of fright and contempt,
with a smile of pious amazement
and one of mistrust
and one of tolerance,
like a mother hen the ducklings,
I can see you sailing on the wave of ideas,
I can see you in nonsensical virile games,
in bloody virile games,
I can hear the spears clashing and breaking,
through remote cloths I can hear you
through the cry childbirth and of the burial song –
you play on, play till evenfall,

pe toate străzile lumii,
tăiați-vă voi,
pentru Da, pentru Nu –
seara vă-ntoarceți acasă,
în sînul meu,
cădeți,
retezați de somn,
ca-n patul copilăriei,
după ziua de joacă.

in all the streets of the world,
you cut each other,
for Yes, for No -
come back home in the evening,
to my bosom,
huddle up,
mowed down by sleep,
as in childhood's bed,
after a day's playing.

Elegie

N-am ştiut. Nu-s pregătită.
Nimeni nu m-a-nvăţat
să-ntîmpin cum se cuvine hotarul.
Aici agonizează metafora.
De-aici înainte A nu mai e B.
De-aici mestecenii nu mai dau buzna-n odaie,
subţiri, disperaţi, palizi, adolescenţi.
Nici în direcţia cealaltă nu mai trec undele:
obiectele tale domestice,
cărţi şi tablouri, becul cu abajur de metal,
nu te mai însoţesc în pădure,
nu mai pătrund în maldăr de frunze
în trunchiuri de fagi,
să umple văzduhul de o stranie, gînditoare lumină.

Cum era?
Între afară şi înăuntru,
un du-te vino,
o permanentă întrepătrundere,
tăioasă uneori, sfîşietoare,
dar mereu sărut, întrepătrundere.
Şi chiar cînd stăteau întinse alături,
– timp absolut lîngă timp absolut -
tot nedespicate erau elementele,
ca mirele şi mireasa din visul
de nuntă al lui Chagall,
aşa cum pluteau alături în apa văzduhului,

An elegy

I didn't know. I haven't learned.
Nobody taught me
to meet the boundary suitably.
this is where metaphor is dying.
Henceforth A is no longer B.
Henceforth the birches no longer rush into room,
slender, desperate, pale, adolescent.
And the waves don't go the other way either:
your domestic objects,
books and paintings, the bulb with the metal shade,
they no longer accompany you into the forest,
they no longer push their way into the heap of leaves
into beech trunks,
to fill the air with a strange, pensive light.

What was it like?
Between outside and inside,
coming and going,
a perpetual interpenetration,
cutting at times, rending,
but always kissing, interpenetration.
And even alongside lying together,
– absolute time by absolute time -
always uncleft were the elements,
like the bride and bridegroom
in Chagall's wedding dream,
as they floated together on the water of the air,

în cununie deplină.

Dar de aci înainte e altfel.
Cauţi în ghindă, pe cînd-o-nvîrteşti, nedumerită, în palmă,
licărul acela căprui, din copilărie,
ochii bătrînului
– ce fluiera arii din Mozart
şi te rotea prin aer, pe sus –
şi nu se mai află-n ghindă,
căpruiul lucios nu mai răspunde-n surîs,
bunătatea şi ironia
difuze-n jocuri de frunze, se mistuie.
Junghiul de spaimă al despuierii,
al sărăcirii,
te săgetează –
magnat lovit de năpastă,
de un crah orb, neînţeles.
O, dar încă nu e falimentul total,
simţi că mai ai un termen de graţie.

Plin de smerenie, te mulţumeşti cu atît de puţin:
un coltuc din pîinea de taină,
nu un coltuc: o fărîmă,
e bună şi ea,
cu-nfricoşată grijă o ţii în palmă,
cu elavie o pui pe limbă,
saliva se face nectar;
ca dumicată de-o tînără gură
pîinea se face lumină,
acesta e gustul făpturii,
gustul metaforei, nectar, pîine salivă -
ce ştiu bogaţii de extazul acesta,
al celui ce-a scăpătat?

in perfect wedlock.

But henceforth it'll be different.
You look in the acorn, turning it on your palm bewildered
for that hazel-coloured glint, in your childhood,
for the old man's eyes
– who would whistle tunes from Mozart
and turn you round in the air, high above –
and it's no longer in the acorn,
the glossy hazel-colour no longer replies in a smile,
the kindness and banter
diffuse in plays of leaves, dwindle away.
The fearful pain of the stripping,
of pauperization,
stabs you -
a magnate struck by disaster,
by a blind, incomprehensible crash.
Oh, but it isn't yet overall bankruptcy,
you feel you still have a term of grace.

Full of humbleness, you are satisfied with so little:
a crust of the communion bread,
not a crust – a crumb
is good enough,
with fearful care you hold it on your palm,
with piety you put it on your tongue,
the saliva turns into nectar;
as minced by a youthful mouth
the bread turns into light,
this is the taste of the creature,
the taste of metaphor, nectar, bread, saliva –
what do the rich know about this ecstasy,
of one who has declined?

Pentru o fracţiune de clipă
meduza din spaţii marine
pluteşte iar în camera ta,
translucidă, gelatinoasă;
în măruntaiele tale
palpită iar viscerele calului,
lăsat pe pajişte-n voie;
afară e înlăuntru
şi lăuntrul i-afară,
şi pînă-nserează mai ai cîteva ceasuri
să-ţi mesteci fărîma de taină,
pînă la mohorîtul hotar
unde nu se zăreşte decît
şirul de simulacre,
statui în giulgiu de piatră-alburie,
A lîngă A, A este A, stelă alături de stelă,
în necropola Identitate,
profilată-n amurg.

For the fraction of a second
the jellyfish from marine spaces
is again floating in your room,
translucent, gelatinous;
in your guts
the viscera of the horse
left at will in the pasture,
the outside is inside
and the inside outside,
and by the time evening falls you still have time
to chew your crumb of communion,
up to the gloomy boundary
where one can only glimpse
the row of shams,
statues in shrouds of whitish stone,
A next to A, A is A, stele next to stele,
in the necropole Identity,
outlined in the dusk.

Hotar

Pînă aici:"Totul se poate".
De aici: "Nu se mai poate".
N-am văzut porți, nici gratii de închisoare.
Bariera se ridica, se lăsa,
în ritmica ei mișcare, din totdeauna.
Ireversibilul nu se-arăta,
nici în pietre, nici în obrazul iubit, -
plutea cu funigeii,
în aerul cald, auriu, al lui septembrie.

Boundary

Up to here, "Everything possible,"
Further on, "No longer possible."
I could not see any prison gates or bars.
The barrier would go up and down
in its rhythmical motion, as ever.
The irreversible never showed up,
not in the stones, not in the beloved face either, -
there was a floating of gossamer
in the warm amber air of September.

Plimbare veche

Nu e bine să visezi cîini,
să te-adulmece haita.
E mai bine să mergi
cu tata şi mama, haita-haita,
într-o plasă de frunze şi cer,
legănat de soare-apune.
Să mănînci îngheţată
cu-o linguriţă lată
şi caraghioasă.
Nu e bine să visezi lopată,
să visezi pămînt.
E mai bine să treci
somnoros prin crepuscul,
alunecînd,
prin apa havuzului
în mijlocul peştilor roşii.

Old walk

Better not dream of dogs,
better not let the pack scent you.
Better go ta-ta
with papa and mamma
beneath a network of leaves and sky,
swung to-and-fro by sundown.
Better eat icecream downtown
with a funny broad spoon.
Better not dream of a shovel,
or dream of dust.
Better walk along
sleepily through the twilight
and glide down
through the fountain water
into the midsts of the gold fish.

Geologie

O felie de pîine cu unt
(mîncată pe bancă, în curtea şcolii),
o felie de nori, neclintiţi, într-o poză,
o felie de ţipăt înghiţit de un discurs,
o mireazmă de pini, subţiată-n cuvinte,
şisturi sedimentate, friabile,
muntele meu.

Geology

A slice of buttered bread
(eaten on a bench, in the schoolyard),
a slice of clouds, motionless, in a picture,
a slice of shriek drowned by a speech,
a fragrance of pines, thinning away into words,
friable, sedimentary schists,
my mountain.

Am cerut sămînţă

Am cerut sămînţă
şi ea s-a dovedit prea uşoară.
Rana se face lumină de zi,
totul e limpede
cînd Buna Vestire coboară,
dar ce poate face îngerul,
semănătorul,
acum, cînd vine o seară,
plină de spaime?

I asked for seed

I asked for seed
and it proved to be too light.
The wound becomes daylight,
everything is clear
when Annunciation alights,
but what can the angel,
the sower do,
now, when a night comes
full of terrors?

Ciclul

După ce-am învățat totul bine:
numere, ființe, obiecte,
mă opresc.
Am rămas ca idiotul satului,
cu ochii la fum.
Am uitat totul.
În față-i o peșteră.
Cobor o treaptă.
Dau de o pajiște.
Pasc. Sînt un cal, un miel,
și aflu firul de iarbă.
Mai cobor o treaptă,
mă-ntind între bulgări vîscoși,
cu rădăcinile mele de arbore.
Mai cobor o treaptă.
Stau. Înăuntrul meu stau.
O piatră.
Împrejur lumina vibrează.
Încep să-nțeleg din cealaltă parte.

The cycle

Having learned everything well:
numbers, beings, objects,
I pause.
I stand like the village fool,
staring at the smoke,
I have forgotten everything.
In front of me there is a cavern.
I go down one step.
I come across a lawn.
I graze. I am a horse, a lamb,
and discover the blade of grass.
I go down another step,
I spread among the clammy clods
with my tree roots.
I go down another step.
I sit. Within myself I sit.
A stone.
Round about the light vibrates.
I begin to understand from the other side.

Pseudopsalm

Doamne, Doamne-am mai zis,
ce-o să se-ntîmple cu noi?
Ca ceapa sîntem,
numai haine, haine şi foi.
În dezgolirea toamnei,
lepăd degeaba
uscate insemne,
caut sub ele.
Atîta găsesc,
foi şi foi,
arşiţei pale sechele.
Bulbul nu-i nicăieri,
nu-i în pămînt,
nici în vîntul cel orb,
din care-am ieşit,
foi, numai foi.

Pseudopsalm

God, o God, I said then,
what is going to happen to us?
We are like onions,
just clothes, clothes and skins.
In the stripping of autumn
I vainly cast off
dry badges.
I search beneath them.
All I can find
is skins and more skins,
pallid sequelae of scorching heat.
The bulb is nowhere,
it is not in the ground,
it is not in the blind wind
whence I emerged,
skins, only skins.

Vizita

În intimitatea odăii, cu televizor,
latră şacalii.
Aşa pe neaşteptate,
vin, se aşează roată,
pe fundul lor slab, jigărit,
şi ne latră,
în intimitatea, cu televizor, a odăii.

Visitation

In the privacy of the room
with the TV set
the jackals are baying.
Quite unexpectedly
they come and sit round
on their skinny, mangy rumps
and bay at us
in the privacy (with a TV set)
of the room.

(Va să zică intimitatea)

Va să zică intimitatea,
baştina plus confortul plus duioşia
(cu ceva crud, lucid, modern),
degeaba.
Au crescut unghiile,
a crescut şobolanul,
caietul s-a pulverizat,
ce-a mai rămas din el, hîrtiile
au zburat de pe masă, ca într-un film cu uragan.
Acum trebuie să acţionăm,
cu mai puţină febrilitate
dar conştiincios,
să ne tăiem unghiile,
să lipim foile putregăite,
ce dracu, e momentul
să avem o ţinută civilizată,
să purtăm un dialog, de la om la om,
cu şobolanul.

(So privacy)

So privacy,
background plus comfort plus fondness
(with something crude, lucid, modern),
all in vain.
The fingernails have grown,
the rat has grown,
the copybook is torn to pieces,
what is left of it, bits of paper
have been blown off the table
as in a film with a hurricane.
Now we must act
less feverishly
but thoroughly,
we must cut off our nails,
stick together the rotten leaves,
what the hell, it is time
we had a civilized attitude,
it is time we held a man to man talk
with the rat.

Alternativa

N-ai decît două posibilități:
ori îți întorci ceasul în fiecare zi,
spui: bună ziua,
s-a înserat,
ce serial tîmpit,
e mai bine ceva decît nimic,
și te uiți la Yorick, la Ofelia, din stal.
Sau ești Yorick, Ofelia, Hamlet,
și atunci, ce să mai vorbim,
ești un simbol frumos,
și în felul acesta vei fi,
și vei mai fi,
încă o zi,
o jumătate de zi,
un minut.

The alternative

You've only got two possibilities:
either you wind up your watch every day,
you say 'good afternoon,'
'it's getting dark,'
'what a rotten serial,'
'better something than nothing,'
and you watch Yorick, Ophelia, from the stalls,
Or you are Yorick, Ophelia, Hamlet,
and then, why,
you are a beautiful symbol,
and in this way you go on
and on
for another day,
half a day,
or a minute.

(Uşa se-ntredeschide)

Uşa se-ntredeschide.
Zăresc o semiobscuritate pioasă, de templu,
sau de cameră de tortură,
în centru o lumină de sală de operaţie.
Sclipesc nişte valve metalice
sau nişte odăjdii.
Cineva şopteşte: a venit domnul.
Care domn?
DOMNUL?
Domnul profesor?
Domnul călău?
A venit domnul.
Să fie linişte.
Totul să fie steril.
Se apropie ora cînd el operează.

(The door is ajar)

The door is ajar.
I perceive an awe-inspiring semiobscurity
as of a temple,
or a torture chamber,
in the centre a light as in an operating theatre.
There is a glitter of metallic valves
or of a priest's attire,
Someone whispers, 'HE has arrived.'
Who HE?
THE LORD.
His lordship the professor?
His lordship the executioner?
HE has arrived.
Let there be silence.
Let everything be sterile.
The hour draws near when he will operate.

Plasa

Am vrut cu botul minții
Să apuc și să țin toate firele
care leagă un lucru de celălalt,
plasa unde se zbat laolaltă,
zodiile și întîmplările,
dezastrele, neînțelesurile.

(Un cîine dresat,
veneam de la piață,
cu plasa în bot,
mîndru, ah, și ce mîndru,
țineam CORELAȚIILE!)

Prin ochiurile plasei
planetele curg,
lunecă-afară, în neant,
puzderie de făpturi,
(deși au un aspect liniștitor,
cravată și pantofi familiari
din secolul XX)

Cu degete prinse de zdrențele plasei
se mai dă în leagăn
o maimuță glumeață
și-mi zvîrle cu nuci de cocos în cap,
precum și alte cîteva mici existențe,
cu ochii rotunzi, intrigați, de papagal.

The net

I wished to grasp and hold tight
with the muzzle of my mind all the strings
that tie one thing to another,
the net wherein stars and events,
disasters and fallacies
are tossing about together.

(A trained dog,
I was coming back from the market,
the stringbag in my mouth,
proud, oh, so proud,
I was holding all CORRELATIONS!)

Through the loops of the net
the planets are running,
creatures in legions
are gliding out into nothingness,
though their air is quite reassuring
and they wear familiar
twentieth century ties and shoes.

With fingers clutching at the shreds of the net
a frolicky monkey
is swinging in the air,
throwing coconuts at my head
as well as some other minor existences
with its round, puzzled eyes like a parrot's.

Haine

Haine, daţi-mi haine
pentru ceva,
haine vechi şi frumoase, de-acoperit
ceva, golul de spaimă.
Scoate din garderob,
din sertarele copilăriei,
sau din depozitul marelui teatru,
haine de înger.
Ţii minte, acela ce vine-n aprilie,
cu creanga de salcie-n mînă,
crescînd din mîneca largă, filfiitoare,
ce-acoperă golul de spaimă.

Clothes

Clothes, give me clothes
for SOMETHING,
old, beautiful clothes, to cover
SOMETHING with, the hollow of fright.
Take out of the wardrobe,
out of childhood's drawers,
or out of the store-room of the big theatre
an angel's clothes.
Remember? The one who comes in April
with a willow twig in his hand,
growing out of the large, fluttering sleeve
that covers the hollow of fright.

Procesiune

Vom ridica acest bolovan
și-l vom duce
și va fi copilul nostru
și va fi bătrînul nostru
și-l vom legăna
și va fi casa noastră
și o vom duce
și va fi Dumnezeu
și-l vom duce
cu mormîntul lui
cu leagănul lui
vom ridica acest bolovan
și-l vom duce.

A procession

We shall heave up this boulder
and carry it along
and it will be our babe
and it will be our old man
and we shall rock it
and it will be our home
and we shall carry our home along
and it will be God
and we shall carry him
with his tomb
with his cradle
we shall heave up this boulder
and carry it along.

Giorgio de Chirico

E multă forfotă în oraş.
Fără-ndoială sînt vii.
Oricine are ora lui de var, de departe.
Se plimbă pe străzi cu statui oarbe
în mijlocul drumului,
sub arcade de linişte,
pe corso, în moarte.

Giorgio de Chirico

There is much bustle in town.
They are no doubt alive.
ANYBODY has his own hour of lime, of far away.
He follows the streets with blind statues
as he walks in the middle of the road,
beneath archways of stillness,
along the corso, into death.

Părea că vine

Părea ca vine-o mîntuire
din romb, din dreptunghi, din spirală,
din casa mare şi pustie,
clădită după-naltul număr.

Peste cornişele căzute,
nicidanicinu, efeb steril
şi lustruit cu piatră ponce,
se plimbă-ncet, cu multe gînduri,
fără-ntrebări, în soare apune.

It seemed to come

A sort of redemption seemed to come
out of the rhomb, the rectangle, the spiral,
out of the large, empty house,
built after the golden number.
Over the crumbled down cornices
NEITHER-YES-NOR-NO, a sterile ephebe
polished with pumice stone
strolls idly along, deep in thought,
no questions asked, into the sunset.

În maree

I-au tăiat lui aprilie
ambele picioare
şi tot îl mai doare
fiece deget, fiece mugur.

Ştie că nu le mai are
şi saltă pe cioturi
în mareea de iarbă.

Through the tide

They've cut off
April's two legs
and every toe, every bud
still aches.
He knows he no longer has them
and he hops along on his stumps
through the high tide of grass.

Îmblînzire

Ultimul val uzat,
mîrțoagă, metaforă palidă,
vine jos, la țărm,
și-mi mănîncă din palmă.
Mare căruntă.
Val cărunt.
Îl mîngîi cu blajine minciuni:
Nebunule, îi spun, cal fabulos...

Taming

The last worn out wave,
a jade, a faded metaphor,
comes down, on the shore,
and eats out of my hand.
Hoary sea.
Hoary wave.
I cheer him up with bland lies:
"You fool," I say, "you fabulous horse".

Ochean

Nu mai mi-e frică, spun,
și mă uit la firme, la case, la iarbă.
Începe magia îndepărtării –
ocheanul în care,
minuscule la celălalt capăt,
se joacă păpușile,
de-a mama și de-a tata,
de-a stăpînul și sluga,
de-a soldații,
poc, una cade,
nici urmă de sînge,
poc, poc, poc,
se răstoarnă păpușile,
niște popice de lemn,
mici, bizar colorate,
fără urme de sînge.

Nu mai mi-e frică, spun,
nu mai mi-e frică.

Field glass

I am no longer afraid, I state
and I gaze at the signs, the houses, the grass.
The magic of distance begins –
the field glass through which,
diminutive, at the smaller end,
the puppets are playing
at mother and father,
at master and menial,
at soldiers,
bang, one of them falls,
no trace of blood,
bang, bang, bang,
the puppets tip over,
so many ninepins,
small and curiously coloured,
with no traces of blood.

I am no longer afraid, I state,
no longer afraid.

Prejudecată

am o prejudectă inocentă
de-o inocență încăpăținată –
crin rătăcit într-o orgie
de teorii savante despre artă

mă joc dar grav
clădesc din cuburi strîmbe
cu sînge şi noroi uscat pe ele
asta mi-au dat ca să mă joc
din ele deci clădesc
dar ce?

o, naiba ştie ce
vreun turn cu ghiare şi cu plisc
dar stă?
se ţine în picioare?
Înseamnă că există un fir cu plumb
o lege
un nerv şi-o lacrimă la capăt
grea de plumb

Prejudice

I am possessed of an innocent prejudice
stubbornly innocent –
a stray lily in an orgy
of sophisticated theories on art

I play but gravely
I build using crooked bricks
with dried blood and mud on them
that is what they gave me to play with
therefore I use them to build
but what?

the devil alone knows
some tower with claws and with a beak
but will it hold?
will it stand?
it means that there is
a plumb – line
a law
a nerve and a tear at the end of it
heavy leaden

Am pierdut

am pierdut un ciorap
şi plîng
am pierdut o mănuşă
şi plîng
am pierdut ochiul stîng
ochiul din mijloc
ochiul de sus
şi rîd
rîd
rîd

I've lost

I've lost a stocking
and I'm crying
I've lost a glove
and I'm crying
I've lost my left eye
my middle eye
my upper eye
and I'm laughing
laughing
laughing

Despărțire

numele meu s-a dezlipit de mine
a trecut vadul e dincolo
prin vîntul toamnei
prin gîrla de frunze
deabia ne-auzim

îl zăresc
mă măsoară
de pe celălalt mal
cu zîmbetul lui vinovat și ironic

pe cînd eu mă fac tot mai mică
strînsă cu genunchii la frunte
în pîntecul toamnei

Separation

my name has come off me
it has waded the ford, is on the other side
through the autumn wind
through the flood of leaves
we can hardly hear each other

I catch sight of it
it looks me up and down
from the other bank
with its guilty ironic smile

while I make my self smaller and smaller
humped up with forehead on my knees
in autumn's womb

Timp

strîngeţi pumnii doamnă
strîngeţi pumnii tovarăşă
nu pot
timpul
n-ai ce să-i faci
înaintează lent
înaintez
sub unghiul somptuos
al cocorilor
în velur de octombrie
cu degete ţepene
delicat mă sprijin
de umărul
seducătorului meu asasin

Time

clench your fists madam
clench your fists comrade
I cannot
time
and there's nothing you can do about it
advances slowly
I advance
beneath the sumptuous angle
of the cranes
in October velvet
with stiff fingers
I gently lean
on the shoulder
of my fascinating assassin

Despuiat

Doamne
cel cu o mie de feţe
actorule
căluşarule
ai jucat
ţi-ai scuturat zurgălăii la glezne
ţi-ai schimbat rapid
înfăţişările
iar grima
roşul şi vînătul tău mă fascinau
vaierul chiotul ce le scoteai
îmi dădeau fiori
asemenea dragostei
unde sînt fardul
tunicile tale multicolore?
eşti gol ca un copil
în faţa mării
Doamne
îmi arăţi faţa cea palidă
cu pielea întinsă pe osul curat
tăcut priveşti străbătîndu-mă
întinderea mării

Naked

My Lord
of a thousand faces
actor
morris dancer
you have capered
you have jingled the bells on your ankles
you have changed ever so swiftly
your appearances
and your make-up
your red and blue would fascinate me
the outcry the whoop you made
would thrill me
like love
where are your make-up
your motley long tunics?
you are naked like a babe
before the sea
My Lord
you show me your pale face
with the skin stretched over the clean bone
silently you gaze through me
at the expanse of the sea

La capăt

Doamne
eşti departe
braţele tale
s-au făcut lungi
la capătul lor mă ţii
şi mă legeni
aşa de încet
aşa de adînc
amesteci culorile
că nu mai ştiu
cînd pleacă din scoică
lumina
şi cînd se întoarce

At the end

My Lord
you are far away
your arms
have grown so long so long
at the end of them you hold me
and you swing me
so slowly
so deeply
you mix up the colours so
that I no longer know
when the light emerges
from the sea shell
and when it comes back

Jocuri

cobolzii-mi trag din mînă farfuria
şi taburetul de sub mine
rîd
ce nostim o să fie
cînd bătrîna va face tumba
şi se va întinde
cît e de lungă

pe cine să mă supăr?
cruzi inocenţi
tunica verde frunză din frunzare
tichia cu ciucuri despletiţi
de gîrle şi de fluvii
spiriduşi
mai staţi
mai chinuiţi-mă un pic
nu dispăreţi
în noaptea fără cazne fără jocuri

Games

the goblins snatch the plate from my hand
and the stool from under me
they laugh
what fun it'll be
when the old woman falls head over heels
and measures
her length

who can I be mad at?
cruel innocent little things
the green tunic a leaf from the foliage
the cap with tassels ruffled
by floods and streams
small imps
stay a little longer
don't vanish
into the torment-free hoax-free night

Firesc

tu tragi hăis eu cea
tu vii cu potop cu zgîlţîieli
eu – cu logica şi melancolia

ce mai cuplu facem o Doamne
ce-mperechere nefirească obscenă
un tablou de rîs şi groază

dar ce splendid
cu ce artă dementă
sunt migălite detaliile

Natural

you pull right I pull left
you come with floods with joltings
I – with logic and melancholy

a pretty pair we make o Lord
what an unnatural obscene coupling
a laughable and appalling sight

but how splendidly
with what insane art
are the details titivated

Spart

cu-n singur deget
un os
cîteva note pe clape
și pianu-i lepros
mîncat dinăuntru
încă te miri
că-ntîrzie slava
liniștitoare tonală
că nu te cuprinde
Ave Maria
și nu te mai leagănă-n poală

Broken

with only one finger
a bone
a few notes along the keys
and the piano is a leper
eaten away within
you are still surprised
that soothing tonal glory
is slow in coming
that Ave Maria
fails to enwrap
and cradle you on her lap

Noiembrie

atît de transparentă frunza
m-a oprit
subţire argintie
cu nervuri
oscioare fantomatice de peşte
claviculele tinere-ale zînei
zi de ivoriu
nu mă-nşeli frumoaso
de carnaval
ştiu căzătura putredă
de raci mîncată pînă jos în vintre
oricînd de izbutită-i deghizarea
clorotic-feciorelnică
te ştiu
fermecătoareo
farmecă-mă iar
să-ţi simt pe faţă suflul
evantaiul
schelet de fildeş fire de paing
să mă îngrop o clipă între braţe
friabile de zînă
Doamne te ating

November

so transparent the leaf
has stopped me
thin silvery
with nervures
little phantom-like fish bones
the fairy's young clavicles
an ivory day
you cannot fool me
carnival beauty
I know the decaying wreck
eaten off by crayfish down to the groin
no matter how perfect
the chlorotic maidenly disguise
I know you
charmer
charm me again
let me feel your breath
your fan over my face
ivory skeleton spider's web
let me be buried for a moment
in a fairy's friable arms
My Lord I can touch you

Daimon

Daimon
te simt
pe aproape
te văd
eşti chiar jos în stradă
arăţi formidabil
în blugi şi cămaşă violent cadrilată
ţi-ai primenit anotimpul
ninsorilor palide
le preferi extreme culori
eşti supărat
strigi: ori – ori
baţi cu pumnul
în uşa mea scorojită

încearcă rogu-te
la casa vecină
s-ar putea să-ţi deschidă

Daimon

Daimon
I sense you
nearby
I can see you
you're right down the street
you look great
in your blue jeans and dashing chequered shirt
you've refreshed your season
of pale snowfalls
you'd rather have violent colours instead
you're angry
you shout out: either-or
you bang with your fist
on my peeling door

please try
next door too
they might open up for you

Patio

droguri umile
de găsit uşor la farmacie
uneori ajută alteori ba
o simplă aspirină
se-ntîmplă să facă din noapte
un patio vechi de lumină
şi-acolo în mijlocul ierbii
cei doi
contrapunctaţi de fuga porticelor
vor sta vor merge vor sta
lipiţi ca două coloane de aer

Patio

humble drugs
easy to be found in chemist's shops
sometimes they help sometime they don't
a mere aspirin
happens to turn the night
into an old patio of light
and there in the middle of the lawn
those two
counterpointed by the flight of the porticoes
will stop and walk on and stop
sticking together like two columns of air

Deplasări

dacă tot lauzi tabletele
laudă și diazepamul
potolește fantasmele minții
în dezagregare
dezumflă nălucile spaimelor
topește zdrențele roșii pătate
ale ultimului masacru
în cîmpia sufocată de praf
cumpăna fîntînii se mișcă
bea sfîntă apă din cana cu lanț
ia un diazepam
apar și flori sub geamlîcul
încins de amiază
indrișaim cerceluși
ham-ham
cîinele latră departe
la capătul satului
securizant patriarhal
ce poate să aibă el în comun
cu javra infernului?

Displacements

if you're going to praise tablets
praise diazepam too
it lays the disintegrating
ghosts of the mind
it deflates the spectres of fears
it dissolves the stained red rags
of the latest massacre
in the field choking with dust
the shadoof is moving
drink holy water from the chained tin mug
take a diazepam
flowers appear too under the paned
noon-heated porch
sweet pea funchsia
bow-wow
the dog barks in the distance
at the far end of the village
a patriarchal securer
what can it have in common
with a cur from hell?

Năvălitorii

departe aproape în zare
se vede armată de muţi de mascaţi
trimeasă de Hades să-mi bîntuie locul
nici femei nu sunt nici bărbaţi
tîlhari fără formă şi glas
vin vorbele să le sugrume
tezaurul vin să-l împrăştie

cum să mă apăr?

lamento singurul meu scut

tremurătoare vorbe bulucite
se-ascund se roagă
să rămînă încă
de Hades vai se roagă

The invaders

far away near the horizon
one sees the masked army of the dumb
sent by Hades to haunt my place
neither women nor men but
shapeless voiceless thieves
they come to throttle the words
they come to scatter the treasury

how can I defend myself?

lamento my only shield

quavering jostling words
they dodge they implore
to stay on
it's Hades alas they implore

Vizita

n-am mai venit la tine de mult
mă temeam
că n-o să mai stăm sub umbrar în grădină
unde se-aude clipocitul cişmelii
şi mă desfată alternanţa
de umbră şi soare
a viţei de vie
mă temeam de ciudatele sminteli ale vîrstei
de atracţia spre subterane
revedeam gîrliciul
ce coboară spre pivniţă
şi îmi ziceam că vei găsi un pretext
să mă tragi după tine acolo
unde se arată melci şi păianjeni
stiva de lemne umede
ligheane ruginite
(în care nu se mai spală prunci şi femei)
zarzavat viermuit
hîrburi de mese
din care cina cea de taină
s-a scurs în pămînt
ştiam că-i destul
să cobor o singură scară
ca să dau de alt ochi negru deschis
înăuntrul altei pivniţe şi mai adînci
şi mai ticsită de lucruri
ce şi-au pierdut înţelesul

The visit

it's a long time since I came to you
I was afraid
we'd sit no more under the bower in the garden
where one can hear the drip-drop of the faucet
and where I delight in the alternation
of shade and sunshine
of the vine
I was afraid of the quaint follies of the age
the attraction towards underground places
I could almost see the mouth
leading down into the cellar
and I said to myself that you would find an excuse
to drag me down there after you
where one sees slugs and spiders
stacks of damp wood
rusty basins
(no longer used by babies or women)
worm-eaten vegetables
wreckages of tables
from which the Last Supper
has trickled into the ground
I knew that all I had to do
was to go down one single step
in order to catch sight of another open black mouth
leading into another deeper cellar
crammed with even more things
that have lost their meaning

ibrice cu smalţul sărit
pieptarul putregăit de piele-nflorată
pendula moartă cu taurine ghiulele obscene
ce trag timpul mai adînc
mă temeam că-mi vei ţine mîna veştedă
într-a ta
cu energia de fier a smintelii

mă-ncumet totuşi
intru în curte
toate se petrec după scenariul întrevăzut
surpriză e numai intensitatea vîrtejului
găuri negre se mişcă rotund
îşi joacă sfîrşitu-nţelesului
atunci cînd cobor după tine
cînd pipăi pereţii
şi încerc să m-agăţ
de lipicioasa mîzgă verzuie

hrube la succesive niveluri
ca-ntr-o baie comună de aburi
din ce în ce mai fierbinţi
insuportabili
pe treptele ultime

terapie de negru şi verde
negru de nesfîrşire
verde de mîzgă
şi iarăşi negru şi verde şi verde
invers urcuş căţărare
spre faţa pămîntului
ah, verde de aer verde de apă
verde de aguridă
sub umbrarul

battered kettles
the decaying embroidered leather vest
the dead grandfather's clock with obscene taurine weights
that drag time down to lower depths
I was afraid you'd hold my withered hand
in yours
with the iron vigour of folly

nevertheless I grow bold
and walk into the courtyard
everything happens as envisaged
the only surprise, the intensity of the whirl
black holes turn roundly
they enact the end of their meaning
when I step down behind you
when I grope along the walls
and try to cling
to the sticky greenish slime

recesses at successive levels
as in a common steam bath
hotter and hotter
unbearable
down the last steps

a therapy of black and green
endlessness black
slime green
and again black and green and green
reversed ascent escalade
towards the face of the earth
oh air green water green
unripe grape green
under the bower

la care mă-ntorc

respir înţelesul din neînţelesuri
sorb respiraţia viţei de vie
îmi amestec suflarea cu sufletul morţii
cîine al casei lîngă genunchii mei
blînd gudurîndu-se
ne mai spunem ceva
în lumină
eu cu vorbe
el cu ochii săi tandri
nedezlipiţi de ai mei

to which I return

I breathe meaning from meaninglessness
I quaff the vine's breath
I mingle my respiration with the spirit of death
dog of the house against my knees
meekly fawning
we talk once more
in the light
me in so many words
he with his fond eyes
that refuse to tear themselves from mine

Seară

totul îmi spune: "e seară
ce n-ai învăţat nu mai e timp să înveţi
uite apar ştiinţe noi
iniţiatice graiuri
tu bea-ţi infuzia şi mergi la culcare"

"numai o clipă" spun
"să privesc Carul Mare şi carul Mic
şi Casiopeea
pe astea le ştiu
încă puţin te rog
pe urmă merg la culcare"

şi mama e bună mă mai lasă o vreme

Evening

everything says to me, "it is evening
what you haven't learned yet you won't have time to learn
look new sciences appear
abstruse cants
you drink your soothing tisane and go to bed"

"only one moment" I say
"let me look up at the Great Bear and the Little Bear
and Cassiopeia
the ones I know
only a little longer please
then I'll go to bed"

and mother is kind she lets me stay up just a little longer

Multe cuvinte

multe cuvinte împrăştii
seminţe rostesc
ce creşte din ele nu ştiu
poate mor netrăite
poate se naşte un cactus pitic
o lobodă roşie
un pătrunjel
poate
– mai crezi în Scripturi? –
o să se legene
crinul împărătesc

A lot of words

many disseminated words
seeds I utter
what will grow from them I don't know
maybe they'll die without having lived
maybe a dwarfish cactus will be born
maybe some red orach
some parsley
maybe
– do you still believe in the Scriptures? –
the imperial lily
will sway

Nu te speria

nu te speria
nu-i un liliac
e un fluture gînditor
cu aripi străvezii
cu pete de culori
fericit că-şi înţelege volutele
chiar în cădere

Don't get scared

don't be scared
it's not a bat
it's a thinking butterfly
with transparent wings
with patches of colour
happy to understand its own volutes
even in its fall

Convalescență

între boală și lume
fragede boturi de ființe de ierburi
îți ating genunchii
cineva trage plapuma norilor deoparte

pe cerul dezgolit
seninul se stabilește la beau fixe
ca pe coperta cărții Robinson Crusoe
editată de Socec et Co.
pentru o veșnicie albastră

Convalescence

between illness and the world
frail muzzles of creatures of grasses
touch your knees
somebody is pulling the counterpane of clouds aside

in the bared sky
serenity is settled at beau fixe
as on the cover of the book Robinson Crusoe
published by Socec & Co.
for a blue eternity

Putere

frumoaselor tristelor cînturi
le pretindeam mîntuire
proorociri şi-o edenică
aşezare a lumii

frumoaselor tristelor cînturi
azi ştiu
ce putere mai mare ascundeţi

rîul vostru de lacrimi
ca rochia de bal cea dintîi
a Nataşei Rostova
unduie şi dă fericire

chiar marginea faldului ei
de poţi s-o atingi şi s-o simţi
încă eşti vrednic de-a fi pizmuit
muritorule

Power

from beautiful sad songs
I demanded redemption
prophecies and
an Eden order of the world

beautiful sad songs
today I know
what greater power you conceal

your stream of tears
like Natasha Rostova's
first ball gown
ripples and gives happiness

even the edge of its hem
if you can touch and feel
you are still worthy of being envied
you mortal

Oda sub dud

sub dud
la o masă
îmi aştern tacîmul de scris

lumina dintre frunze
îmi aruncă discret
un bănuţ de linişte auriu
îl încerc între dinţi
da e bun
aur curat

mulţumesc lumină
mulţumesc pomule
le spun cu evlavioasă politeţe
aşa cum am fost învăţată
în cei şapte ani poetici
de-acasă

şi-n timp ce fac cîţiva paşi
în jurul mesei
scandîndu-mi oda
simt clefăitul vîscos de omizi
al dudelor negre
strivite sub tălpi

Ode under the mulberry tree

under the mulberry tree
at a table
I set out my writing needs

the light between the leaves
throws me discreetly
a little golden coin of peace
I test it between my teeth
yes it's good
pure gold

thank you light
thank you tree
I say to them with pious politeness
as I was taught
in my early poetical childhood
at home

and while I take a few steps
round the table
scanning my ode
I feel the caterpillary viscous smack-smack
of the black mulberries
crushed under my soles

Privind o fotografie de copil

pentru Marie Catherine

plec şi casa e vraişte
prin uşile căscate
bat rafale fără stăpîn

nu văd nici o gaură de şoarec
să te ascund
să-ţi fac culcuş
din frunze aurii
din puf de arţar
din lumină lăuntrică

pe unde o fi terezia
cu gingaşul ac
ce tremură
sub povara de fulg
a melancoliei?

bate cu piatră
o ploaie galbenă
amestecînd anotimpurile

iar tu mă priveşti
cu ochi enormi
care-mi cer să-ţi aduc
o lumină de-aici de dincolo
dintr-un tablou de Ver Meer
şi străvechea balanţă
cu soare în talgere rotunde de aramă

Looking at a child's photograph

To Marie-Catherine

I leave and the house is agape
through the yawning doors
unbridled squalls rush in

I see no mouse hole
where I could hide you
make you a bed
from golden leaves
from maple gossamer
from inward light

where can the scales be
with the slender needle
quivering
under the downy weight
of melancholy?

a yellow rain
is pelting with hail
mixing up the seasons

and you gaze at me
with your enormous eyes
which ask me to bring you
a light from here, from there
from a painting by Ver Meer
and the ancient scales
with a sun in each round copper pan

Repede

repede repede
cît mai e sînge cît mai e vreme
cît mai e frunză cît mai e apă
scrie cu degetu-n sînge muiat
în lumină muiat:
copilul se teme
de întuneric

Quick

quick quick
while there's still blood while there's still time
while there's still foliage while there's still water
write with your finger dipped into blood
dipped into light:
a child is afraid
of the dark

Succesiune

– ce-i cu ăsta mic?
e bolnav ?
doarme de-a-n-picioarele
parcă nu ne-ar vedea
parcă n-am fi aici lîngă el

– Nici nu suntem
ne-a supt cu ventuzele lui
de lipitoare
suntem sîngele copilăriei
timpul cu arătările lui
tragice şi groteşti

îşi umple cu noi alveolele
celor dintîi amintiri
îşi umflă reţeaua
de reminiscenţe şi semne
vieţile noastre-s reduse
la o gestică simplă
de balanţă bici poartă sau ochi

suntem hieroglifele
prizărite
în primul lui descîntec
de înjungiere-a destinului

Succession

"what's the matter with the little one?.
is he ill
he's asleep on his feet
it's as if he didn't see us
as if we weren't here"

"we aren't actually
he's sucked us
with his leech's suckers
we are the life blood of childhood
time with its apparitions
tragical and grotesque
it's with us that he fills the alveoli
of his early remembrances
he puffs out his network
of reminiscences and signs
our lives are reduced
to simple gestures
of scales whip gate or eye

we are the undeveloped
hieroglyphs
of his first magic spell
for stabbing destiny"

Fierăstrăul

lui Tudor

mîna cu vine-ngroşate în buclele lui de efeb
scoarţa palmei lipită
de părul ca mătasea porumbului

lipită am spus?
ce eroare
deabia l-am atins
şi repede mîna mi-am tras-o deoparte
ştiind că altminteri
el o să-şi scuture capul
cabrat ca un mînz îndărătnic
cum să nu fugă de sînul matern
de adierea mormîntului?

cuviincioşi la o astrală distanţă
(în aceeaşi odaie)
fiecare la masa de lucru
mă prefac că citesc
păsări minuscule
doi mandarini
ciripesc în colivie

aud ferăstrăul cum şuieră
unul am fost
un trunchi
dinţii harnici fără de somn
taie şi taie

The saw

To Tudor

my hand with thickened veins in his ephebe's locks
the crust of my palm pressing
his hair like maize silk

did I say pressing?
how wrong
I hardly touched it
then quickly drew back my hand
for I knew too well
he'd shake his head
prancing like an unyielding colt
how could he not fly from his mother's breast
from the faint breath of the grave?

seemly at an astral distance
(in the same room)
each at a writing-desk
I pretend to be reading
diminutive birds
two mandarins
are twittering in the cage

I can hear the saw whizzing
once we were
one trunk
busy sleepless teeth
are sawing away

Goana

lui Petre

Doamne străinule
vii după ei
după copii
cald este locul
precum o iesle
ci-n gura ta
e noapte şi frig
nici mielul
nici boul
nu suflă
la tine în gură
Doamne străinule

The chase

To Petre

My Lord stranger
you come after them
after the children
warm is the place
like a manger
yet in your mouth
it is night it is cold
neither the lamb
nor the ox
does breathe
into your mouth
My Lord stranger

Astru palid

cunoaşte cum femeile cunosc
mai palidă-i sămînţa pe astrul palid
ce caut eu aici?
ca-ntr-un spital după narcoză
ţin ochii larg deschişi
dar nu-mi aduc aminte
accident cutremur
de-am fost zvîrlită pe planeta vagă?

ascult tic-tacul cronologic adînc
bătaia lui parcă mă linişteşte
asemeni unui foşnet de arini
sunt tot în lunca vie
tot în casa mamei
sub membrana de cer pîlpîitor
tot prinsă în reţeaua
legănătoare-a vinelor de sînge
dar mai pale
pe astrul palid ce se învîrteşte
încetişor în jurul axei sale
ca-n jurul unui zeu
spîn protector al celor ce declină

încă mi-e sete
încă
ţin în mînă o ceaşcă
din ea un lapte palid îmi surîde

Pale orb

know as women know
paler the seed on the orb that is
what am I here for?
as in a hospital after the narcosis
I keep my eyes wide open
but I can't remember was it
an accident an earthquake
that I was hurled on to the vague planet?

I listen to the deep ticktock of the clock
its beating seems to soothe me
like the rustling of alder trees
I am still in the living riverside meadow
still in my mother's home
under the membrane of the pulsating sky
still caught in the rocking
network of blood veins
but paler
on the pale orb that is revolving
slowly about its axis
as about a glabrous god
a patron of all those who decline

I am still thirsty
I still
hold a cup in my hand
from it a pale milk is smiling at me

și totuși nu voi spune:
fericiți sunt morții
morții cei tineri
care n-au știut
ce e trezirea pe un astru palid
bea
cunoaște cum femeile cunosc

and yet I won't say
happy are the dead
the young dead
they never knew what it is
to awake on a pale orb
drink
know as women know

Rună

maică
rănile noatre sunt rune
nu le știu cifrul
nu le pot spune
rană umilă
rană comună

Rune

Mother
our wounds are runes
I don't know their cipher
I don't know their tunes
humble wound
common wound

Cele două

antagonice
cu cea mai implacabilă ură a dragostei
cu sînge tînăr
nesătul dușmănos
se înfruntau

tîrziu
năpădită de milă
îi mîngîia fruntea pleșuvă
puținele fire de păr argintii
iertare a fost sau ce?
furtuna trecuse -
două bătrîne

The two of them

antagonistic
with the most implacable hatred of love
with young blood
insatiably inimical
they dared each other

late in the day
overwhelmed with pity
she was stroking her balding forehead
the scent silvery hair
was it forgiveness or what?
the storm had passed-
two old things

Singura minune

singura minune a fost
că trupul tău mic a pîlpîit
a vegheat
aproape un veac
și a putut s-acopere
gura prăpastiei

The only miracle

the only miracle was
that your tiny body flickered
kept vigil
for almost a century
and was able to cover
the mouth of the chasm

Grădina de lacrimi

*mama avea aripi de aur
ce nu și-au găsit nici o lume*
ELSE LASKER SCHÜLER

copilul bătrîn
deschide la-ntîmplare
o revistă veche
citește:
"mama avea aripi de aur
ce nu și-au găsit nici o lume"
și ațipește
un circuit rămas intact
vibrează în creierul lui
se deschide grădina de lacrimi
el intră
nimeni pe urme
e singur
din față de pe potecă
vine o imagine tulbure
se dă în aer o luptă
și ea se constituie tot mai precisă
culori și contur ondulat
ba chiar mirosul dulceag al decolteului ei
de mamă tînără încă
pudrată pentru plimbarea-n grădină
cu negustori și tufe de liliac înflorit
La rendez-vous-ul copilului
care îi caută sînul
dar aripile o trag afară
și nu mai e nimeni
în grădina de lacrimi

The garden of tears

> *Mother has golden wings*
> *which could not find a world for themselves*
> ELSE LASLER SCHÜLER

the old child
opens at random
an old magazine
he reads
"mother has golden wings
which could not find a world for themselves"
and he dozes off
a circuit which has remained intact
vibrates in his brain
the garden of tears opens up
he walks in
nobody on the tracks
he is alone
towards him along the path
a vague figure advances
there is a fight in the air
and the figure becomes more distinct
colours and a wavy outline
and even the sweetish odour of the decolletage
of a mother still young
powdered for a stroll in the garden
with tradespeople and shrubs of lilac in blossom
for the rendezvous with the child
who seeks her bosom
but her wings draw her out
and there is nobody now
in the garden of tears

Pomul

mîinile nu mai puteau ține obiecte
paharul cădea pe jos se spărgea
atunci ți-ai cusut buzunare multe
la haina de casă
puneai:
într-unul chei
într-unul paharul
într-unul lingura
cu-o mînă-n baston
cu alta sprijinită de mobile
stăteai așa
un veac
între un pas și celălalt pas
un pom
uscat plin de nuci goale și negre
de zurgălăi cu clinchet stins

The tree

your hands could no longer hold objects
your glass would fall to the floor and break
then you sewed a lot of pockets
on to tour dressing gown
you used to put
keys in one of them
your glass in another
your spoon in another
you would lean with one hand on your stick
with the other on the furniture
you would stand like that
a century
between one step and the next
a tree
dry full of hollow black walnuts
of bells now tinkling so faintly

De mirare

de mirare
atît de mică și slabă
și totuși un parapet
nu se putea trece peste tine
nici nu se vedea clar
ce se ascunde
înapoia ta
acolo unde căzuseră toate
bastoane și pălării
mașini de cusut și cuverturi brodate

acum sunt eu parapetul
nimic nu mă mai apără
de frigul ce urcă mereu
eu mai rămîn puțin aici
s-acopăr golul din fața copiilor

Amazing

amazing
so small and thin
and yet a parapet
one could not go over you
one could not even see clearly
what lay hidden
behind you
where everything had tumbled down
walking sticks and hats
sewing machines and embroidered counterpanes

I am the parapet now
nothing is left to defend me
from the cold that keeps mounting
I'll stay here a little longer
to cover the emptiness in front of the children

Zi de iarnă

aud pumnalele vîjiind în aer
aud horcăitul celor cu gura plină de cîlţi
aud rostogolul pietrelor pe scara
povîrnită-n infern

la geamu-ngheţat
la fereastra bucătăriei
ciocul turturelelor bate
amintindu-ne fragilul echilibru al lumii
înmoi în strachină pîinea uscată
le-o pun pe balcon
mai e ceva de făcut ?

Winter day

I can hear the daggers whizzing through the air
I can hear the rattle of those with mouths full of tow
I can hear the rolling of the stones down the steps
sinking into hell

on the frozen window-pane
at the kitchen window
the beaks of the turtle-doves are knocking
reminding us of the world's frail balance
I sop the dry bread in the bowl
I put it out in the balcony
what else can one do?

Noi, Yorick

să ne-mbarcăm fără complexe
pe uzata metaforă
nava în formă de craniu
să navigăm pe valuri luminiscente
de creier
noi Yorick
bunul bufon
noi ce bombardăm
cu vorbe-n doi peri
curtea din Elsinore
lumea se foiește și rîde
Claudius scufundat în acțiune
ne dă un picior
s-o lăsăm mai moale
să nu-i turburăm
cu vorbe de duh ingenioasele planuri
să nu-i oprim tragedia bufă din mers

ea merge înainte
nici noi nu ne lăsăm
proferăm vorbe îngrozitoare
prevestiri fără perdea
și cu perdea (după care Polonius moare)
în timp ce cununa de flori
În timp ce spadele
în timp ce cupele de otravă

We, Yorick

Let's embark without complexes
upon the worn-out metaphor
the skull-shaped ship
let's sail upon luminescent
brain waves
we, Yorik
the good fool
we who pelt
with double entendres
the court at Elsinore
the people are excited and laugh
Claudius engrossed in action
kicks us into piping down
lest we upset
with our witticisms
his cunning schemes
and stop the farcical tragedy in its progress

and while it's in progress
we don't desist
we utter terrible words
curtainless prophecies
or curtained ones (behind an arras does Polonius die)
while the garland of flowers
while the swords
while the cups of poison

Itaca

vrei să ajungi în Itaca
iscusitule rege

dincolo de proră e marea
fetele-adîncului
tulbure mare

astupă-ţi cu ceară urechile
ţine-te bine
să nu te-nhaţe Nemaivăzutele

şi nu certa zeii eşti în Itaca
asta-i Itaca

petecul ăsta de punte mucegăită
matca
în care te clatini

sub soare sub nori
insesizabila
întrebătoarea

Ithaca

you want to reach Ithaca
skillful king

beyond the prow is the sea
the maidens of the deep
a turbid sea

stop your ears with wax
hold on
lest the Unseen Ones seize hold of you

and don't upbraid the gods
you are in Ithaca
this is Ithaca

this patch of mouldy deck
the pod
in which you toss about

under the sun under the clouds
the imperceptible one
the questioning one

După

–"stop! nu mai trage!"
ţip muiereşte
"trupul lui – coloanele templului!"

–"fii serioasă" zice
"noi tragem cu sens
ai cap şi gîndeşte"

între timp
soarele negru tumefiat
a ajuns la zenit

pe cîmpul de luptă
miroase a hoituri a sens

After

"stop! don't shoot anymore!"
I yell like a woman
"his body – the columns of the temple!"

"be your age" he says
"we shoot with sense
use your brains and think"

meanwhile
the tumefied black sun
has reached the zenith

from the battlefield
there comes a smell from dead bodies from sense

Trecere

tocmai cînd oratorul
ajunge la peroraţie
cînd braţul se înalţă
cu cele cinci degete-n aer
cinci coloane de aer
pe care se reazemă templul de aer
tocmai cînd sala numai ovaţii
trepidează vuieşte
pe uşa laterală capitonată
intră cu paşi de motan garderobiera
se apropie nevăzut de estradă
şi fără grabă cu gesturi atente
îi îmbracă mănuşa
pe cele cinci degete
înălţate în aer
pe braţu-ncordat
îi trage mănuşa de pămînt cenuşie
mulajul de argilă umedă suplă
el se-ntăreşte văzînd cu ochii
braţul rămîne în aer
în parc este linişte

Passing

just when the orator
comes to the peroration
when the arm is raised
with its five fingers in the air
five columns of air
on which the temple of air rests
just when the audience are all cheering
stirring roaring
through the padded side door
the cloakroom attendant comes in treading like a tomcat
she makes her way unseen to the dais
and taking her time with careful gestures
she puts a glove
on the five fingers
raised in the air
on the tensed arm
she pulls the glove of grey earth
the mold of supple wet clay
it hardens in no time
the arm stays up in the air
in the park it is quiet

Pregătiri

vestală
ţi-ai făcut abluţiunile ?
stomacu-i curat ?
creionul – bine ascuţit ?
moale ?
perfect
radioul e stins ?
stins
şi aragazul ?
si el
nu se arde nimic
(dac-o să fie
ardere de tot
o să fie)

lumînările oaselor
adunate în cerc
pîlpîie clarobscur
sacerdotal

totul e gata de jertfă
mielul întinde gîtul
cuţitul acceptă
creionul atinge hîrtia

ceas fericit între toate
fratele umblă pe vîrfuri
unge ţîţînele uşilor

Preparations

vestal
have you performed your ablutions?
is your stomach clean?
your pencil – well sharpened?
soft?
good
is the radio off?
it is
and the gas range?
it's off too
nothing is burning
(if there is to be
a complete burning
let there be one)

the candles of the bones
gathered in a circle
flicker in chiaroscuro
sacerdotally

everything is ready for the sacrifice
the lamb is stretching out its neck
the knife is willing
the pencil touches the sheet of paper

happiest hour of all
brother walks on tiptoe
he oils the hinges

cu o pană muiată în liniște
Mata Hari *the cat*
vine pe labe de catifea
se freacă de piciorul biroului
iscoditoare
"ei cum îți mai merge ?"

"teribil" o informez delfic
(să înțeleagă ce vrea)
"ofranda mea irită mădularele zeilor
roșește urechile lor ascuțite"

The cat se repede
pe scări în sus
se freacă unduitoare de uși
la toate etajele și șoptește:
"teribil teribil
la trei se petrec lucruri ciudate
altarul e pîngărit
carnea mieilor otrăvită
nimic nu rimează
cu o vestală-n etate"

with a feather dipped in silence

Mata Hari *the cat*
comes on velvet paws
rubs against the desk leg
inquisitively
"Well, how's life treating you?"

"dreadfully" I inform her Delphically
(let her construe it as she likes)
"my offering irritates the gods' limbs
reddens their sharp ears"

the cat scuttles up the stairs
rubs unctuously against the doors
at every landing and murmurs

"dreadfully, dreadfully
strange things are going on at three
the altar is defiled
the lamb's flesh poisoned
nothing will rhyme
with an elderly vestal"

Cadru

ne-mperechem
ne e frică
enorm obezi
fardaţi în culori violente
de la carmin la topaz

dintr-o maşină se trage
o maşină răspunde
culorile explodează si sperma
"– superb sfîrşit de masacru"
declară Fellini Mileniul 3
cocoţat pe un stîlp cariat al cetăţii
şi indicînd unghiul exact
de filmare

Close-up

we coupe
we are afraid
enormous obese
our faces painted in violent colours
from carmine to topaz

from a car – shots
another car answers
colours and sperm both explode
"a superb ending to a massacre"
the Fellini of the Third Millenium declares
perched on a decayed pillar of the city
and indicating the exact angle
to film

Plouă

plouă peste copii
ploaie galbenă cenuşie
mari ca dovlecii se fac
umflaţi apoşi
de vorbe apoase
fară chef destinul îi mestecă
plictisit culcat într-o rînă

Raining

it's raining upon the children
a yellowish grey rain
big as pumpkins they grow
swollen watery
with watery words
lackadaisically destiny chews away at them
in utter boredom reclining on one side

Slujbă

ucenic la pasăre
m-am vrut
slugă la şarpe
m-am făcut
în gaura lui mă sfîrşesc
între pereţi tapetaţi
cu Capricii de groază

Job

apprenticed to a bird
I wanted to be
a servant to the snake
I have become
in its hole I waste away
within walls papered
with hair-raising Caprichos

Critical References

The vitality of the "eighteen-year-old" girl, living her soul through her senses, is very personally expressed by Maria Banuş (*Girls' Land,* 1937) with instances of carnal ingenuousness almost shocking sometimes, in poems that are mere sketchings genuinely or deliberately momentary.

G. CĂLINESCU,
History of Romanian Literature, 1941.

Maria Banuş made her debut with poems in which I pointed out their sensory acuity and their vitalism.
A lyrical poetry starting from sensation does not mean a poetry of the fingertips. There is no poetry where the senses are not in continuous communication with the cerebral zone and in fact 'sensation' is an idea turned on its more delicate and fresher side – A woman, Maria Banuş limited herself to the very intimate and ineffable sentiment of organic life, to love, to motherhood, to the horror caused by the destruction of what has been generated. The limitation comprises a vast area synonymous with the key problem of life.

G. CĂLINESCU, *1959.*

... We have then in front of us the book of a woman and a poet, a true poet, one of the most outstanding of her time and through whom I have no doubt that our days will convey information about themselves to the times to come.

TUDOR VIANU, *1961.*

The co-ordinates of the poetic universe – time and space – stand out most distinctively of an organically grown, well constructed work.

PAUL GEORGESCU, *1963.*

This feminine poetry is devoid of shallowness or self-conceit; very seldom, in a woman, are feelings so rigorously precise as they are here, though they pour forth in waves of tears and blood. What a moral purity of the song, too; and what a risk in its measure.

GIANCARLO VIGORELLI, *1964.*

The projection of the immediate, familiar universe into the vast vistas of space and time, then these domains shrinking to the dimensions of a moment's daily experiences, characterize the poems of the mature years... The poems of Maria Banuş make me think at once of some fleshy, juicy, fragrant, colourful fruit.

GUILLEVIC, *1966.*
Preface to *Joie.*

After the period of her debut, with the original and intense Songs from Girls' Land, an explosion of sensualism and electrifying ingenuousness, a stage follows of explorations in various and divergent manners, were lyricism is depersonalized and Maria Banuş's verse often becomes rhetorical and exterior. The later years restore to her poetry its intimate tonalities, turn it again towards its inner realities and reconvert it to devices more adequate to express her own spiritual content.

G. DIMISIANU, *1970.*

What has actually dominated the poet's entire creation is the force of concreteness, concreteness being the spatialization of sensation in terms of poetry, naturally.

PAUL GEORGESCU, *1970.*

...The force of Maria Banuş's present poetry no longer lies in recollection, in sensation or in the word, but in the moral and philosophical symbol. "Metaphysical" poetry takes the place of 'psychological' poetry.
The author of *The Portrait of Fayum* ranks among the outstanding poets of our days.

NICOLAE MANOLESCU, *1971.*

... We will not say that lately Maria Banuş has been affiliate to the classical type. Her poetry is modern in the manner of Georges Braque in painting, for whom the suggestions of Hellas have acquired a meditative character, an artist whose lines tend towards utmost simplicity.

CONSTANTIN CIOPRAGA, 1972.

...The tension in often dramatic, but (the same rejection of sentimentalism!) one feels how much awake is the balance of lucidity which refuses to let itself be deceived or to deceive, refuses jesting with words and the irresponsible jesting with nothingness.

PAUL GEORGESCU, 1973.

'The fight against inertia' which the younger lyrical generation had so ardently waged, is also reflected in Maria Banuş in the perspective of another age and in terms of a retrospective assessment, of a lucidly pathetic reconsideration of one's own poetical itinerary.

ION POP, 1973.

Without underrating the importance of the word, the poet never cultivated it as such. In her work the effort to utter truths about existence has always prevailed over the jocular aspect of the creative act, whether it had to do with a personal experience in discovering the world or it expressed a protest or adhesion in the socio-historical field, or whether, as in the collections of poems of the latter years, it combines self-confession with generalizing meditation.

DUMITRU MICU, 1973.

Maria Banuş has asserted a femininity which is neither 'thematic' nor of mere sensibility, but categorial, of a being's plenary mode of existence.
...It is here that most genuinely tragic root of Maria Banuş's lyricism lies, in this blend of abandon, propensity to surrender and the desire, the obstinacy to be.

MIHAIL PETROVEANU, 1974.

Maria Banuş belongs, as she rightly defines herself, among "the poets of existential drama" (*Writings*, 1, 1971), with her sensibility she belongs to the family of Rilke, whom she not by mere chance rendered into Romanian (*Poems*, 1939) in a felicitous language of correspondences....

The poet proves to be a seismograph recording with amazing precision the unseen vibrations and oscillations of our contemporary soul.

VICTOR FELEA, *1978*.

A quick rhythm, sprightly images give Maria Banuş's poems elegance and efficacy. Here lyricism is not content with mere words, the poet never separates from the moralist and in one sole ellipsis embraces beauty and tragedy. Rare are the books which offer us such an alliance, in the heart of the poem, of force and sensibility, of grace and tension.

...Such acuity of sight – whether directed outwardly or inwardly – and such vividness of the tone give Maria Banuş's poetry its bearing, so original under its seeming simplicity, and so modern. Nonconformist poetry, exemplary poetry through the attention it pays to drama, to qualms as well as to humour, and to end with, metaphysical poetry in its existential incarnation.

GEORGES EMMANUEL CLANCIER, *1980*.

...The knowledge of the world through Eros and the knowledge of the world through Melos merge in Maris Banuş's verse. Love and poetry offer fundamental revelations.

DANIEL DIMITRIU, *1982*.

...There is in Maria Banuş's present day poetry an authenticity which shatters the thin crust of rhetoricalness that was left, thrusts with sensible energy into real drama, into the concrete form of the struggle with existence in all its aspects, unburdened of typical gesticulations and interiorized to such a degree as to attain that threshold of expressiveness so necessary for a true communion with the reader.

DANA DUMITRIU, *1982*.

A poet of those through whom the world 'reveals itself' to us, through transfiguration, as beautiful not only in its magnificent entirety, but even in its daily aspects, including the humble, the more prosaic ones, is Maria Banuş.

...By transfiguring scenes and places of her childhood, the poet has not idealized them. She simply clipped segments of recollections to prevent them from vanishing, together with the evanescent being, into the boundless ocean of time, a territory of mythology, of art.

DUMITRU MICU, *1984*.

Seldom, in the last few decades, sensation, wincing, meditation have blended in so unitary a manner, creating a feeling of revelation, as in Maria Banuş's older and recent poetry. A line, a metaphor, an epithet become concentric waves, penetrating farther and farther, deeper and deeper.

SILVIAN IOSIFESCU, *1984*.

There is here first of all, I think, a fundamental attitude towards matter. Maria Banuş senses it oozing poetry, especially in its germinal stage, putting forth still indefinite forms of life, buds, spores, tendrils, soft protuberances, moist pseudopodia, glittering under the flow of the amniotic liquid from which they emerged.
...That is how one can explain Maria Banuş's extraordinary sensitivity to all that is a victim of atrocity. Nobody has voiced more heartrendingly as she the destitution of frail, living matter in the face of murderous furies.

OV. S. CROHMĂLNICEANU, *1984*.

The beauty of the poetry in *Girls' Land* undoubtedly stems from the frankness and freedom of youthful emotion. In such a morning of the senses, things actually go on tiptoe, innocence and fear live together in a world of confused states, and the song advances casually in spite of the poet who asserts the contrary.
...The closest poet in communicating this mystery is still Arghezi. Not the one of *Mouldy Flowers* but the psalmist who witnesses in fear the disintegration of time and the breakdown of matter.

...Her lyrical poetry remains within the area of exquisite sensuality. An uncertain groping for objects, a perception of the outward world filtered by a complex sensibility, touched by a dim powerful sensation. A good poetry of atmosphere ensues which, as a matter of fact, Maria Banuş will never part with.

...The poetry of the latter books (*Anybody and Something, November the Innocent*) is written in two registers: a grave one about evanescence, loneliness, old age, death, and a jocular one, in amazing fresh colours, about the place of origin (old Bucharest with its fairs and brave townsfolk).

... A return to the elements again in the tradition of great poetry, a calm and dignified progress towards matter, in strokes of the pen in which spectacular rhetoric has completely disappeared. What remains is grave, lofty confession.

EUGEN SIMION, *1984*.

In the latter phase the poetry enforces a rhythm of urgency, of time meted out and dramatically sped up. Actually it portrays a shortage of time, producing an essentialization of the utterance which can no longer afford the over-indulgence and leisure of ample, developed, luxurious, accidental 'inspiration'. Instead there is a limitation, pressure, restraint and a certain deliberately forced simplification, even a certain *impoverishment* of means conducive to an increase of expressiveness.

...THE FORCE of this poetry, which in the course of evolution has 'learned' to know itself better, derives from the exploration of vulnerability, from the fair assumption of its precariousness, weakness, existential flowing and deterioration, as well as from the *candour*, retained from long ago, and retrained unimpaired too (from the teenage songs) of proffered affection; programmatically 'inept', of a (strategically) captivating 'awkwardness' at any age, enticing, seductive.

LUCIAN RAICU, *1984*.

Romanian Writers
Published by Forest Books

AN ANTHOLOGY OF
CONTEMPORARY ROMANIAN POETRY

Translated by Andrea Deletant and
Brenda Walker

A selection of works by poets, including world-famous writers such as Marin Sorescu, writing under the difficult conditions of the Ceauşescu dictatorship.

ISBN 0 950948748   112 pages/£6.95

PIED POETS

*Contemporary Verse of the
Transylvanian & Danube Germans
of Romania*

Dual text German/English
Selected and translated by Robert Elsie

Poetry by the German minority living in Romania, many of whom fled the Ceauşescu regime

ISBN 0 948259 77 9   208 pages /£8.95

VLAD DRACULA THE IMPALER

A play by
Marin Sorescu

Translated by Dennis Deletant

This play by Marin Sorescu shows a ravaged land -a world full of whispers and spies; injustice and despair, where suspicion is rife. Is its ruler a martyr or a madman?

ISBN 0 948259 98 1   112 pages /£7.95

THE ERROR OF BEING

Poems by Ion Caraion

Translated by Marguerite Dorian
and Elliott B. Urdang

Dual text Romanian/English throughout

A major voice in Romanian literature.
Innovative, mysterious, yet with fascinating strength, his poems straddle the existential and the surreal.

ISBN 1 85610 0308   128 pages/£ 7.95

A FOREST BOOKS /ROMANIAN CULTURAL FOUNDATION PUBLICATION

THE THIRST OF
THE SALT MOUNTAIN

A trilogy of plays
by Marin Sorescu

Translated by Andrea Deletant and Brenda Walker

Marin Sorescu, one of Romania's most controversial poets and playwrights, has both the philosophic depth of Beckett and his own very special vision about the impossibility of communication in everyday life. Beckett's god is dead, Sorescu's only tired.

ISBN 0 9509487 5 6   124 pages/£6.95

CALL YOURSELF ALIVE?

The Love Poems
of Nina Cassian

Translated by Andrea Deletant & Brenda Walker

This selection concentrates on the love poetry of writer and composer Nina Cassian. Love is interpreted in its widest sense: not only sexual passion, but love of life, of freedom, and, in the splendidly sensuous final poem, of her own language.

ISBN 0 948259 38 8   96 pages/£6.95

SILENT VOICES

*An Anthology of
Contemporary Romanian Women Poets*

Translated by Andrea Deletant & Branda Walker

Visual details remind us that these poems were written in Romania; but the more intimate and inwardly-focused areas of the poetry make it clear that these fourteen women have insights and experiences to share with women everywhere.

ISBN 0 948259 03 5 176pages/£8.95

CHEER LEADER FOR A FUNERAL

Poems by Nina Cassian

Translated by Brenda Walker & Nina Cassian

New poems with her usual splendid irony

ISBN 1 85610 0138 96 pages/£6.95

LET'S TALK ABOUT THE WEATHER

Poems by Marin Sorescu

Translated by Andrea Deletant & Brenda Walker

"Sorescu has created a new style in Romanian poetry...his rich vein of irony and humour brought him immediate success with the critics and the public... The verse written by Sorescu is largely anecdotal in character. A direct approach, exemplified by his epigrammatic caricatures of love and death, distinguishes his work from the oblique, ornate and cerebral poetry of his contemporaries."
(*Times Literary Supplement*)

ISBN 0 9509487 8 0   96 pages/£6.95

EXILE ON A PEPPERCORN

*The Poetry of
Mircea Dinescu*

Translated by Andrea Deletant & Brenda Walker

Mircea Dinescu, the angry young man of contemporary Romanian poetry, has already won acclaim outside his native land through translation of his verse in France, Italy, West Germany and the USSR. He appears here for the first time in English translation showing that the problems of contemporary society have no frontiers...

ISBN 0948259000   96 pages/£7.95

GATES OF THE MOMENT

by Ion Stoica

Translated by Brenda Walker & Andrea Deletant
Dual text Romanian/English

Ion Stoica is a well known and respected Romanian writer and broadcaster. His work is a good example of contemporary Romanian poetry where old and new influences are in evidence.

ISBN 1856100359   128 pages/£6.95

AS I CAME TO LONDON ONE MIDSUMMER'S DAY

Poems by
Ion Stoica

Translated by Brenda Walker

This collection was inspired by a visit to the U.K. and surprises the reader with its original and imaginative responses to places like Trafalgar Square, Stonehenge and Hadrian's Wall.

ISBN 0948259639   32 pages/£3.95

YOUTH WITHOUT YOUTH & OTHER NOVELLAS

by Mircea Eliade

Translated by
Mac Linscott-Rickets

Mircea Eliade was a great historian of religions but he is also renowned for his fantastic prose. He spins tales like Borges with roots deep in Hoffman and the German romantics.

ISBN 0948259744   304 pages/£12.95

IN CELEBRATION OF MIHAI EMINESCU

Poems by
Mihai Eminescu

Translated by Brenda Walker with Horia Florian Popescu

Introduced by Zoe Dumitrescu-Buşulenga
Illustrated by Sabin Bălaşa

Mihai Eminescu, 1850-1899, was considered a poetic genius, and after his short and tragic life he became known in literary circles as the last of the Romantics.

ISBN 0948259620   128 pages/£15 cloth

FANTASTIC TALES

by Mircea Eliade and Mihai Niculescu

Translated by Eric Tappe
Dual text

Strange tales out of step with time.

ISBN 0948259 92 2   112 pages/£7.95

YOUNG POETS OF A NEW ROMANIA

Edited by Ion Stoica

Translated by Brenda Walker and Mihaela Celea-Leach

Introduced by Alan Brownjohn

A representative selection of poets under the age of forty "The fluid seamless translations are a large part of the success of this anthology". *Marguerite Dorian (World Literature Today)*

ISBN 0 948259 892   131 pages/£8.95

THROUGH THE NEEDLE'S EYE

Selected poems of Ion Miloş

Translated by Brenda Walker & Ion Miloş

A Yugoslav-Romanian, Miloş combines Nordic strength with ironic humour.

ISBN 0 948259 61   2 96 pages/£7.95

THE TRAPPED STRAWBERRY

Selected poems of
Petru Cârdu

Translated by Brenda Walker
Introduced by Daniel Wiessbort

From Novisad, Cârdu writes with an enigmatic eroticism. Personal yet universal in appeal.

ISBN 0 948259 83 3 96 pages/£6.95